現代学力テスト批判

実態調査・思想・認識論からのアプローチ

北野秋男・下司晶・小笠原喜康 著

東信堂

まえがき

本書は、現在おこなわれている「全国学力・学習状況調査」（以下、「全国学テ」と略記）の実態を踏まえて、これまでの日本がとってきた学力観を問い直すことを目的としている。問い直しは、三つの視点からおこなわれる。

まず最初の第Ⅰ部では、現在の学力テスト政策は、どのような変遷をたどってきたのか。そして現行の全国学テは、どのような問題をかかえているのかである。私たちはこの考察を通じて、極めて無駄なお金が費やされている現実をみることになる。

次に第Ⅱ部では、ではなぜこうした無駄が繰り返されるのか。それを明治以降の日本の教育政策と、近代教育の思想展開にみいだす。明治以降の近代教育は、士農工商の身分制度を撤廃する一方で、新たな身分制をつくりだしてきた現実をみつめたい。だれのための学校と学力なのか、それを改めて教育思想の中で問い直す。

最後の第Ⅲ部では、こうした議論を受けて、現在の全国学テの問題点を、そのテスト内容に踏み込んで明らかにしたい。学力が、なんらかの知識をつけることだとするならば、それはどういうことなのか。今のテスト主義は、知識中心といわれているが、実際は知識などつけさせていないのではないか。そしてその問題は、結局のところ地方を捨ててしまうものではないのかという問題をみつめたい。ではどうするのか。その処方箋は、もちろん簡単ではないが、これからの社会では、どのような学びが必要なのかを、提案としてのべたい。

さて、いま東京一極集中が続いている。というより、以前より強まっている。それはもう、絶望的とすらいえるほどである。もちろん東京首都圏集中は、いま始まったことではない。戦後すぐから始まったともいえる。とりわけ多かったのは、一九六〇年代の高度成長期である。しかしその時は、大都市にまだ仕事がたくさんあって、田舎の余剰人口を吸収できた。

しかしいまの東京はどうだろう。十分な仕事があるとはいえないのではないか。非正規でアルバイト的な仕事はある。しかしその収入では、結婚をして子どもを産み育てるには程遠い。これはもうすでに、よく知られたことである。かといって、田舎にも仕事がない。いや、田舎にもではなくて、田舎にこそである。ではどうするのか。本書の著者たちは、それにはより根本的な思想の転換が必要だと考えている。そしてそれには、学力観の転換がともなう。

私たち日本人は、明治の近代学校のスタートから、学力を上げて中央にでて立身出世することが幸せだと思ってきた。明治五年の「学制」では、「学問ハ身ヲ立ルノ財本」と謳われていた。そして福沢諭吉の『学問のすゝめ』では、「人は生まれながらにして貴賎・貧富の別なし。ただ学問を勤めて物事をよく知る者は貴人となり富人となり、無学なる者は貧人となり下人となるなり」とのべられていた。「末は博士か大臣か」との明治の思想は、長く続いた身分制度を抜け出すための、希望の合い言葉であった。

だがもうその時代は終わったのではないか。立身出世しても、錦を飾る故郷はもうない。筆者の一人・小笠原の故郷は、青森県八戸市である。一時は、新産業都市として賑わい、日本三大漁港として羽振りが良かった。だが人口二三万を数える八戸市も、地方中核都市の中でも真っ先に消滅する運命にあるという。にもかかわらず多くの地方都市では、いまだに「学力向上」が合い言葉になっている。筆者には、「さあみんなで、我が町を消滅させよう」と、かけ声をかけているように聞こえる。

近年のＩＴ産業も最初は期待された。ネットでできるのだから、地方分散ができるのではないかとの期待である。だがそれも逆だった。情報・金融を中心とした一極集中のこの知識産業時代では、さらなる集中を引き起こすだけだった。

文部科学省は、東京に集中しないように、大手大学の定員の厳格化を進めている。定員から一人でもオーバーすれば、すべての補助金をカットする方針である。他方で、地方の大学では定員に満たなくても、定員分の補助金をつけるという。だがこれは失敗に終わるだろう。なぜなら仕事が首都圏に集中している限り、学生たちは都内大手大学から都内中小大学にシフトするだけだからである。そうして、地方と首都圏の格差をさらに拡げることになる。

ではどうすれば、一極集中が防げるのか。もちろん筆者らに、その処方箋があるわけではない。おそらく誰であれ、有効な具体策などもってはいない。だが筆者らは、いまのテスト漬け教育の課題を本書でのべることで、明治以来の思想を問い直したい。

今進められている「学力向上」のかけ声のもとでのテスト漬け教育政策が、いかに無駄なことをしているのか、百害あって一利なしの代表のようなテスト漬け。都内中学校では、国・都・区のテストが年五回もある。通常やっている学校の定期考査五回を含めると、毎月のようにテストをやっている。多額の税金をつぎ込んで、教育産業を儲けさせるだけの、まずはその現状を紹介したい。

その上で、私たちは明治以来なにをやってきたのか、少し歴史も振り返りながら、今の教育の問題点を考えてみたい。そのことで、今の教育が明治以来の体質からほとんど抜け出していないことを明らかにしたい。そこには、子ども一人ひとりをみる姿勢が微塵もない。

そして最後に、あらためてテストの何が問題なのか、その内容に踏み込みながら、「学力日本一」がもたらす弊害についてのべてみよう。社会が急速に大きく変化するこれからの短期的社会では、大きな混乱がおきることは明らかである。すでにそれは始まっている。人々が、そうして地方からばかりか、日本そのものからも出て行く。その現状についても明らかにしたい。

私たちには今、さまざまなスリム化が必要なのではないか。高度成長期以来、日本ではモノを追究することばかりをやってきた。モノを得るには金がいる。ならば少しでも稼ぎ出すには、より中央へとなる。学力もそうである。知識を溜め込めば、他人よりもよりよい生活ができる、という強迫観念にとらわれてきた。

だがその時代はもう終わりにすべきではないか。モノばかりでなく、知識もスリム化すべきである。たくさんの知識ではなく、より自分に興味のある知識に限定して、より考えることをめざすべきである。これまでの学力観は、より多くの基礎学力をであった。だがそれは、ただただ知識に振り回されるだけであった。

教育は変わらなくてはならない。立身出世から、「いまここに」の一人ひとりの生き方をみつける学力観へと。誰のための教育だったのか。誰のための人生だったのか。ダンシャリをして、自分の生き方を、幸せ観を求める教育へと変わらなくてはならない。本書では、そのことを改めて問いたい。

最後に、現代の学力テストに関する先行研究にも言及しておきたい。学力テスト問題を検討する際には、「日本の学力テスト（調査）」「国際学力テスト（調査）」「教育評価」「学力」「学力と格差」「教育改革」など関連する分野も多い。だが、これらの分野における先行研究を全て網羅することは紙幅の関係上できないので、現代の学力テスト問題を正面から取り上げた学術図書に限定する。なお学術論文だけでなく、学力テストに関する技術的・実践的な内容の図書も除外した。また、本書では現代の学力テスト問題を主たる対象としているので、おおむね二〇〇〇年以降に刊行された学術図書を選定した。しかしながら、表題に「学力テスト」という用語が使われていなくても、内容的に学力テストの問題を扱った図書もあろうが、取り上げることができていない点もご容赦頂ければ幸いである。

まずは、日本の学力テストと国際学力テスト（ＰＩＳＡやＴＩＭＳＳ）、ないしは諸外国の学力テスト問題の比較検証を行った次の先行研究を挙げることができる。

福田誠治（二〇〇七）『全国学力テストとＰＩＳＡ―いま学力が変わる―』国民教育文化総合研究所編、アドバンテージサーバー

荒井克弘・倉元直樹編著（二〇〇八）『全国学力調査―日米比較研究―』金子書房

田中耕治編著（二〇〇八）『新しい学力テストを読み解く―ＰＩＳＡ／ＴＩＭＳＳ／全国学力・学習状況調査／教育課程実施状況調査の分析とその課題―』日本標準

北野秋男（二〇一一）『日米のテスト戦略―ハイステイクス・テスト導入の経緯と実態―』風間書房

山本由美（二〇一五）『教育改革はアメリカの失敗を追いかける―学力テスト、小中一貫、学校統廃合の全体像―』花伝社

こうした著書は、国際学力テストや諸外国の学力テストとの比較から、日本の学力テストの問題点を指摘するか、批判的に検証したものである。学力テストを実施する上での理論や技術、ならびに問題点や改善点を考察する上では参考となろう。

次に、日本の学力テストの問題を正面から扱った研究としては、次のものを挙げることができる。

尾木直樹（二〇〇九）『「全国学力テスト」はなぜダメなのか』岩波書店
苅谷剛彦・志水宏吉編（二〇〇四）『学力の社会学―調査が示す学力の変化と学習の課題―』岩波書店
山本由美（二〇〇九）『学力テスト政策とは何か―学力テスト・学校統廃合・小中一貫校―』花伝社
志水宏吉（二〇〇九）『全国学力テスト―その功罪を問う―』岩波書店（岩波ブックレット）
志水宏吉編著（二〇一二）『学力政策の比較社会学―国内編―』明石書店
志水宏吉・高田一宏（二〇一二）『全国学力テストは都道府県に何をもたらしたか』明石書店

いずれの研究も、現状の学力テストそれ自体を批判的に検証するか、もしくは学力テストがもたらす学校現場や教育実践への様々な影響を考察した内容となっている。

以上のような先行研究と比較した場合、本書の特徴として挙げるべき点は、以下のようになる。

第一には、全国ならびに地方の学力テスト体制の実態をふまえつつ、現代の学力テストの問題点を検証し、あるべき学力向上策の方向性を検討したことである。

第二には、わが国の学力テスト政策の現状と課題を制度・政策面から論じただけでなく、教育思想・哲学、ならびに学力論から原理的・理論的に分析しテスト政策とは異なる教育実践のあり様を、状況的学習論や言語論的転回以後の知識論といった新たな知見から再検討したことである。

第三には、教育学ではこれまで問われることのなかった、より根源的な認識論の視点からテスト問題のあり方を批判的に考察したことである。これまでの学力論は観念的な概念論か理念論に終始していたが、本書においては、知識が確かに知識といえるものであったかどうかについて正面から議論することを試みている。

本書が先行研究とは全く異なる独創的な内容となっている点は、この三つの特徴からも明らかであるが、同時に学力テストの将来的なあり方だけでなく、日本の教育のあり方、社会のあり方にも言及し、日本の進むべき道筋も検討したことである。本書を通じて、多くの読者が学力テストのあり方と日本社会の関係性を再考する機会を持って頂ければ、執筆者一同の望外の喜びとなろう。

現代学力テスト批判／目次

第5章　学校知の限界と可能性……131

第6章　書くことは世界を変える……147

現代学力テスト批判——実態調査・思想・認識論からのアプローチ

第Ⅰ部　「現代学力テスト政策」の現状と課題

第1章　「学力テスト政策」の問題点

1　世界の学力テスト政策の潮流

世界の学力テスト政策の実施状況

日本の学力テスト政策を検討する前に、世界の学力テスト政策の現状から確認してみたい。現在、日本を含めた世界の先進主要国では、グローバル経済体制下において国際競争力の向上を目指した学力テスト政策が普及・浸透している。〈**表1―1**〉は、世界の先進国の中から日本を含めた六カ国を取り上げ、学力テスト政策の現状を一覧にしたものである。テスト政策の内容的な違いがあるとはいえ、世界のどの国も国家レベルだけでなく、地方自治体レベルでも学力テストを実施していることが分かる。学力テスト政策は、世界的な潮流を形成し、各国で学力向上政策が優先課題となっていることは疑いない。

実は、世界各国の学力テスト政策の潮流を形成したのは、ＴＩＭＳＳやＰＩＳＡなどの国際的な学力テスト

表 1-1 世界の学力テスト実施状況

国名	National Test の実施	Local Test の実施
米国	○（国家・州）	○（州）
英国	○（国家）	△（一部の州）
韓国	○（国家）	△（一部の自治体）
日本	○（国家）	△（一部の自治体）
ノルウエー	○（国家）	△（一部の自治体）
オーストラリア	○（国家）	×（無）

注）○実施、△一部実施、×（未実施）

であった。一九六〇年に創設された「国際教育到達度評価学会」（ＩＥＡ）は、一九六四（昭和三九）年から「国際数学・理科教育動向調査」を四年ごとに実施しているが、ＴＩＭＳＳ（Trends in International Mathematics and Science Study）という名称が付いたのは一九九五（平成七）年からである。日本では、このＴＩＭＳＳに関しては国立教育政策研究所が一九九五年から本格的な調査・分析を行っている。現在、ＴＩＭＳＳの調査は、初等中等教育段階における児童・生徒の算数・数学及び理科の教育到達度を国際的な尺度によって測定し、児童・生徒の学習環境条件等の諸要因との関係を分析することを目的としている。日本では小学校四年生、中学校二年生が調査対象である。

一方、一九六〇年に設立された国際的な政府間機関である「経済協力開発機構」(ＯＥＣＤ)が三年ごとに実施する国際学力テストがＰＩＳＡ(Programme for International Student Assessment）である。ＰＩＳＡは二〇〇〇年から実施されている。ＰＩＳＡの調査は、義務教育修了段階（十五歳）において、児童生徒が身に付けてきた知識や技能を、実生活の様々な場面で直面する課題にどの程度活用できるかを測定することを目的としている。調査科目は「読解力」「数学的リテラシー」「科学的リテラシー」の三分野である。

このＴＩＭＳＳとＰＩＳＡは、学力観とテスト問題の内容に違いがあるものの、実施方法など余り差はない。後に詳しく述べるが、この学力観とテスト問題の違いが、日本の順位の違いを生み出す要因にもなっている。いずれにせよ、日本を含めた先進諸国ではＴＩＭＳＳとＰＩＳＡのテスト結果をめぐる順位争いが熾烈であり、あたかも国際学力戦争の様相を呈している。

イギリスのテスト政策

次に、先進国の中で学力テストを国家政策として開始したイギリスの場合を見てみよう。一九七九年にイギリス初の女性首相（一九九〇年まで）となったサッチャー（Thatcher, Margaret H.）は、その保守的で強硬な姿勢から「鉄の女」とも呼ばれ、様々な教育改革を断行している。特に、一九八八年の教育改革法は義務教育段階における全ての教科におけるナショナル・カリキュラムを設定しただけでなく、その到達度を評価するナショナル・テストを実施することも決定している。

イギリスの義務教育は五歳から十五歳までの十一年間であるが、そのうちの十一歳までが小学校段階である。テストの対象学年と教科は、小学校二年生が英語・算数、六年生が英語・算数・科学、中学校三年生（九年生）が英語・数学・科学（生物か化学か物理を選択）であった。イギリスでは、もともと小学校卒業年度に受験する「イレブンプラス・テスト」と中等学校卒業時の十六歳（十一年生）で受験する「一般中等資格試験（General Certificate for Secondary Education ＝ ＧＣＳＥ）」と呼ばれる国家試験が実施されていた。従って、一九八八年の教育改革法は、小学校から中学校修了まで国家的な学力試験を受験することを義務づけたことになる。

このナショナル・テストは、SATs（Standard Achievement Tests）とも呼ばれ、それぞれのキーステージ（小学校二年生・六年生・中学校三年生・十一年生）ごとに実施される。成績評価は、筆記試験と教師評価の組み合わせであり、テスト結果は「リーグ・テーブル（学校成績順位一覧表）」の形で地域別・学校別に公表され、テスト結果に基づく学校順位は一目瞭然となる。成績が良好な学校とそうでない学校の学力格差は白日の下にさらされる。そして、在籍する子どもの数によって学校予算の配分が決定されるという「アメとムチ（報償と罰）」のシステムも適用される。

児童生徒のテスト成績は、A・B・C・D・E・F・Gの七段階に分けられるが、「資格なし（落第）」（佐貫、二〇〇七、一二）もある。たとえば、十六歳で受験する「一般中等資格試験（GCSE）」では五教科以上でC評価を達成することが求められ、それ以下は落第となる。この厳しい評価基準の結果、「およそ毎年五万人の十六歳生徒が、このGCSEに失敗し、無資格で学校を去る」（佐貫、二〇〇七、一二）ことになる。また、生徒のテスト成績のほかに「伸び率」も算出されている。

当然のことながら、こうした国家による強圧的なテスト政策は児童生徒のみならず、学校・教員を追い込み、イギリスの教育を結果主義的なものに変質させている。イギリスではナショナル・テストの実施段階から反対が根強く、二〇〇四年にはウェールズ国民議会は十一歳でのテスト廃止を決定している（吉田、二〇〇五、一一二頁）。しかしながら、保守党サッチャー政権後のメージャー（Major, John）政権では「リーグ・テーブル」の公表によって学校選択や学校淘汰といった市場原理に基づく競争を導入している（吉田、二〇〇五、一〇四頁）。また、労働党のブレア（Blair, Tony）政権でもナショナル・テストは基本的に継承されている。

イギリスの学力向上政策は、まさに国家が学力の到達度を目標管理し、国家が評価するシステムを作り出している。それは、テスト結果に基づく一元的な教育管理であり、教育を市場化して競争による結果責任を問うものになっている。

アメリカのテスト政策

同じく、アメリカの学力テスト政策も厳しい内容を伴うものである。一九六九年以来、アメリカで唯一定期的に実施されていたテストが「全米学力調査（The National Assessment of Educational Progress ＝ ＮＡＥＰ）」である。このＮＡＥＰは、学力の実態調査を目的としたものであり、調査は全米調査と州別調査に区分され、全米の公立・私立の第四学年（九歳）、第八学年（十三歳）、第十二学年（十七歳）を対象とする。調査科目は、「読解」「数学」「科学」「作文」「米国史」「公民」「地理」などである。調査対象となる科目は、毎年か一年おきに一〜三教科が選択されるが、たとえば二〇〇〇年の受験者は全米調査が十万六千人、州別調査が約六〇万人程度である。

もともと、アメリカの教育は「合衆国憲法修正第十条」によって、教育政策の権限は連邦政府ではなく、州政府に委任され、教育・学校行政は実質的に学区が担う。日本とは異なる地方分権主義、学区自治主義がアメリカ教育の伝統である。いわゆる教育における地方分権主義であり、日本のような中央集権主義とは全く異質なものである。従って、アメリカには日本のようなナショナル・テストやナショナル・カリキュラムもないし、検定教科書も存在しない。国が決めた教員免許制度もない。まさに、「自由と多様性」がアメリカ教育の伝統的理念であり、象徴であった。

もちろん、アメリカにも学力テストがないわけではない。ただ一九九〇年以前には州テストが存在していても、それは学区自治主義の理念の下で、実施の有無は各学区の裁量に任されていた[1]。ところが、一九八三年の教育の優秀性に関する全米審議会報告書『危機に立つ国家（A Nation at Risk）』以降は、様相が一変する。同報告書は、アメリカが国家として初めて国力の衰退と学力低下を認め、国家的・政治的課題として学力の回復を求めたものである。『危機に立つ国家』では、それまでのアメリカ教育界を支配してきた「凡庸（mediocrity）」主義を一掃し、「教育における優秀性（excellence）」を達成することが使命（ミッション）として宣言される。

「われわれの目標は、だれもがその才能を最大限に伸ばすことでなければならない。この目標を達成するには、学生・生徒がその能力の限界まで努力するよう期待し、これを援助してやらなければならない。学校は最低限の基準を設けるのでなく、真に高い基準を立て、親たちは子弟が才能と能力を最大限に活用するよう助け、励ましてやらねばならない」（The National Commission on Excellence in Education, 1983: 13）。

『危機に立つ国家』では、補償教育や多文化教育が求めた社会的不平等や格差是正への努力ではなく、個人が「限界まで努力すること」を求めており、「高度な基準」を設定して、それを乗り超えることが重視される。言い換えれば、教育政策の目的は補償教育が目指したような「貧困」や「格差」の是正ではなく、個人の「努力」や「能力」に基づく学力基準の達成に置き換えられたことになる。基準を超えられない人間や学校があるとすれば、それは本人の責任であると。『危機に立つ国家』以降のアメリカの学力向上政策は、国家的な至上命題となり、一九九〇年代を境にアメリカはテスト国家に変貌する。

アメリカがテスト国家に変貌した第一段階は、州政府主導による全ての公立学校を対象とした「州統一テスト」の実施である。一九九〇年のテキサス州の「学問的技能（学習能力）に関するテキサス州評価（Texas Assessment of Academic Skills：TAAS）」を皮切りに、二〇〇六年にはアイオワ州を除く四九州全てで、州学力テストが実施される状況になっている。

ＮＣＬＢ法の制定

こうした「州統一テスト」は、「ハイステイクス・テスト（high-stakes test）」と呼ばれ、テスト結果に基づいて様々な教育改革を行う「アメとムチ」(報償と制裁)による政策が展開された。テスト政策が教育改革の「万能薬（panacea）」と位置づけられる時代の始まりである。この時代の教育改革理念は「スタンダード」「アセスメント」「アカウンタビリティ」によるアウトカム（教育の成果重視）政策であり、この三つの理念を具現化したものがテスト政策であった。

アメリカのテスト政策の第二段階は、州政府主導型から連邦政府主導型のテスト政策へ移行することによって開始された。アメリカの歴史上において、前例のない連邦政府の地方教育への強固な関与を実施したと評価された「どの子も置き去りにしない法（No Child Left Behind Act of 2001 = ＮＣＬＢ）」が二〇〇二年一月に成立する。ＮＣＬＢ法は、全ての児童・生徒の学力向上を求めた教育アカウンタビリティ政策を具現化したものであり、一九六五年の「初等中等教育法（Elementary and Secondary Education Act = ＥＳＥＡ）」を改定したものであった。ＮＣＬＢ法が制定された背景には、一九六五年以来、二、〇〇〇億ドル近くの連邦資金を投入しながら、未だに多くの低所得者層やマイノリティの子どもたちの学力向上が実現されない状況があった。そこで、ＮＣＬＢ法では初等・中等学校における生徒の学力格差（主として人種、所得、各種障害にもとづく学力格差）を是正することが目的とされたのであった。

教育における連邦政府の役割は、「制度に奉仕するのではなく、子どもたちに奉仕する」と述べられ、ブッシュ大統領はＮＣＬＢ法の「序文」において「もし我々の国がすべての子どもを教育するというその責任で失敗するなら、多くの他のエリアで失敗する可能性が高い。けれども、もし我々が若者を教育することに成功するなら、多くの他の成功が我々の国全体や市民生活でも起こるであろう」(Bush, 2001: 1) として、教育改革による国力の強化を訴えている。

NCLB法の目的は、全ての子どもが質の高い教育を受け、州が掲げるスタンダードとアセスメントにおいて「習熟レベル (proficient)」に達するような公正で平等な教育機会を保障することであった。しかしながら、こうした目標基準としての「適正年次進捗度 (Adequate Yearly Progress = AYP)」を達成できない場合には、二年次以降に順次改善プログラムに沿った是正措置が求められた。そして、五年間にわたって学力向上に失敗した学校は「再編成計画」の策定が命じられると同時に、五つの「オプション」が与えられた。この「オプション」の中には「チャーター・スクールへの移行」「学校経営を民間委託すること」(Foster, 2011: 6) などが盛り込まれ、公教育が市場化の波に晒されることが明白となった。このNCLB法で「再編成」を命じられた学校は年々増加し、二〇〇七—二〇〇八年で三五〇〇校が再編成計画段階か実行段階にあった (Foster, 2011: 6)。

ラビッチのテスト政策批判

こうしたアメリカの学力テスト政策を批判する研究者は多いが、その中でもニューヨーク大学教授のラビッチ (Diane, Ravitch) は最も強烈に自国のテスト政策の間違いを指摘する一人である。ラビッチは、共和党ブッシュ政権下で連邦教育局教育次官補 (一九九一〜一九九三) を務め、カリキュラムとテストの全米基準を立案し、推進した保守派の代表として名高い。ラビッチは、次官補就任以来、教育目標の全米基準、カリキュラムのスタンダード化、標準テストによる全米評価を推進する運動に取り組んでいた。

一九九〇年代のアメリカ教育改革の推進役でもあったラビッチは、最近になってテスト政策に代表されるアメリカの教育改革を、行き過ぎた改革として悔い改める発言を繰り返している。「私は、以前はテスト、アカウンタビリティ、チョイス、マーケットの潜在的利益に関して、希望に満ち、熱心でさえありましたが、今やこうした考え方に深い疑念を抱いている自分を見いだしました」（Ravitch, 2010: 1）と述べている。

ラビッチは、さらにアメリカのテスト政策は、「学力的な失敗校を増やしたこと」「合格率を上げるための基準を下げたこと」「テストに無関係な教科を縮小したこと」「テスト対策の授業が増えたこと」（Ravitch, 2010: 102-108）も指摘した。「テストは、カリキュラムや教育に対する代用品ではない。善い教育とは、子どもをテストし、教育者をおとしめ、学校を閉ざすといった戦略によって成し遂げることはできない」（Ravitch, 2010: 111）と結論づけている。

さて、現在では英米のテスト政策に対する根強い批判はあるものの、冒頭でも述べたように、世界各国では学力向上政策の有効な手段として学力テストを実施している国は多い。したがって、日本においても学力テストが実施されても何ら不思議ではないし、それによって学力が上がるならば、反対する理由もない。筆者自身も学力テストそれ自体には反対ではない。しかしながら、本書のタイトルを『現代学力テスト批判』としているように、現状の日本の学力テスト政策には多くの疑問や問題点が存在する。こうした疑問や問題点を改善するか、改善できなければ学力テストは廃止されるべきであろう。本書において、現在の日本の学力テスト政策を批判する理由を、以下に述べていく。まずは、イギリス・アメリカに遅れること約二〇年、二〇〇七年から開始された「全国学力・学習状況調査」の疑問や問題点から見てみよう。

2 問題点の多い「全国学力・学習状況調査」

変化のない全国学テの結果

二〇〇七（平成一九）年、文科省は全国の小中学生約二二二万人を対象に、「全国学力・学習状況調査」（以下、「全国学テ」と略す。）を実施した。この全国学テは、「ゆとり教育」による学力低下批判を受けて、児童生徒の「学力の実態把握」と「学力向上」を目的として実施されたものであった。果たして、二〇〇七年から実施された全国学テによって学力の実態把握がなされ、学力は上がったのだろうか。

〈図1―1〉は、二〇〇七(平成一九)年から二〇一四(平成二六)年までの全国学テにおける小学校六年生(国語A・B、算数A・B)、中学校三年生（国語A・B、数学A・B）の四科目の平均点の推移を示したものである。平均点の推移は、ほぼ横ばい状態である。しかも、二〇〇七年と二〇一四年を比較すれば、平均点は下がっている。つまりは、学力テストを繰り返し実施しても、学力が上がらないことは明白である。

近年の教育成果に対するアカウンタビリティ（説明責任・結果責任）の高まり、国民的な学力向上に対する注目度の高まりは、学力向上策が地方教育委員会や学校現場における重要な政策イシューとならざるを得ない状況を生み出している。筆者も、学力テストの結果が地方教育委員会や学校の成果を測る一つの明確な指標となりうるという政策上の妥当性は否定しないが、現状の学力テストには改善すべき多くの課題がある。現状のままの学力テストでは、何度実施されても「学力は上がらない」と断言できる。その理由と根拠を明らかにするためにも、現在の国や地方自治体で実施されている学力テストの問題点を指摘したいと考える。

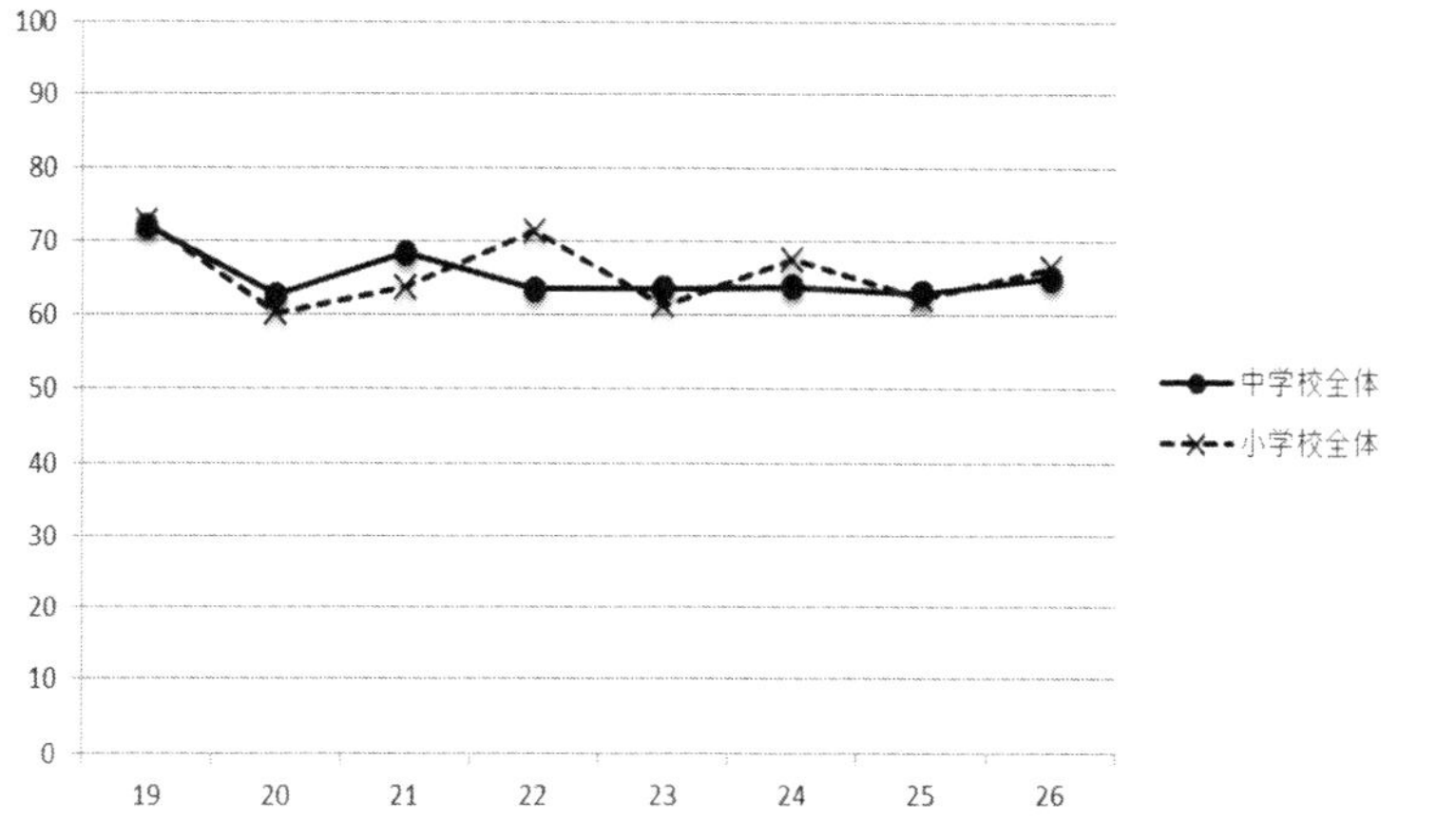

図 1-1　「全国学力・学習状況調査」の平均点の推移（平成 19 ～平成 26）

（注）小中学校ともに四科目（国語A・B、算（数）A・B）の平均点の合計を四で割ったものであり、全国の国公私立の学校の受験者の平均点である。

ただし、日本全体の「学力は上がらない、変わっていない」としても、一部の都道府県で順位が大きく上がった県はある。例えば、二〇〇七年度と二〇一二年度を比較すると、小学校では山口県（三十九位から十三位）・高知県（三十五位から十一位）・大分県（四十四位から二十三位）が急上昇したが、逆に静岡県（十三位から四十三位）・岐阜県（十六位から三十五位）は急降下している。中学校の場合は、小学校ほどの大きな変動は見られないものの、東京都（三十一位から十二位）・宮城県（四十三位から二十七位）が上昇し、長野県（十五位から三十五位）・宮崎県（十位から二十六位）が下降している。

順位を上げた県がある以上、下がった県が出るのは当然である。文科省は、全国学テの実施によって「下位の自治体の底上げが進んだ」と、その成果を強調している。確かに、下位の自治体の平均点が上がったことは事実だが、〈図1―1〉でも確認したように、全体の平均点はわずかながらも下がっているのだから、上位か中位の自治体が平均点を下げたことになる。全国学テによる順位争いは、例えるなら「コップの中の小さな争い」に過ぎない。

また、文科省の委託研究による二〇〇八年の全国学テの補完調査では、「全国学テの結果から家庭の経済力と子どもの学力の間には関係がある」と指摘され、「学校外教育支出の多い家庭ほど子どもの学力は高い」（耳塚、二〇〇九、一六二頁）との結論が出されている。しかしながら、この指摘は余りに常識的で、言い古されたものである。子どもの学力が、家庭の所得格差と文化資本に大きな影響を受けていることは、教育学の世界では常識であり、何も全国学テを実施しなくても、自明のことである。

むしろ、今問われるべき問題は、いかにして学力下位層を底上げし、地域間・学校間の学力格差を解消するかである。こうした格差是正のための学力向上政策と予算投入こそ実施されるべき優先課題である。そして、忘れてはならないことは「学力とは何か」「どのような学力形成を行うか」という問題である。この点は、本書の7～9章でも新たな学力論が示されているので、ここでは問題提起に止めておきたい。

全国学テは、二〇一六年で十年目を迎えるが、毎回ほぼ同じ内容で、同じ方法で実施されている。そして、結果も特に変化はない。だとすれば、そろそろ発想を変え、実施方法を変えて、「意味のない学力テスト」は廃止するか、「意味ある学力テスト」に衣替えすべき時ではなかろうか。

全国学テの実施状況

ところで、物事には表と裏がある。表向きの理由や方針は、たいへん立派なのだが、実は裏では別な意図や事態が進行していることがある。例えば、二〇二〇年に開催予定の「東京オリンピック」のエンブレムが選考過程で様々な不正があったことなどは、象徴的な出来事である。学力テストの場合も、「学力の実態把握」や「学力を上げる」という表向きの理由だけを見れば、たいへん結構なことであり、異論はない。だが、その実施内容や方法に関しては疑問や謎が多い。疑問や謎が多い時は、表とは異なる隠された裏事情があるからである。

現在の学力テスト政策には実に疑問や謎が多く、テストの専門家でなくとも多くの問題点を指摘することが可能である。まずは、今、日本各地で実施されている学力テストの問題点を指摘したいと考える。なお、本書で用いた「学力テスト」という言葉は、国や自治体では一般的には「学力調査」と表記されている。しかしながら、この「学力調査」においては児童生徒の学力を測定するだけでなく、地域や学校の評価（ランキング）も意図するものとなっている。従って、「学力調査」よりも「学力テスト」と呼ぶ方が実態に即している。本書では、国や地方自治体が「学力調査」という名称を用いている場合であっても、「学力テスト」と読み替えている。

本書が問題とする「学力テスト」とは、塾や予備校が行うようなテストのことではない。国・文科省、都道府県・市区町村の教育委員会が主催するテストのことである。毎年、同じような学力テストが「学力調査」という名の下に繰り返されているが、多くの学校現場は、新学期の多忙な時期に、こうした学力テストの実施と対策に振り回されている。都道府県・市区町村の教育委員会が主催する学力テストの問題は後述するとして、二〇〇七年度から文科省によって実施されている全国学テの問題点から考えてみたい。この全国学テの実施概要は、〈**表1―2**〉の通りである。

テスト時間は、たったの六〇～九〇分間である。従って、テストの問題数も少ない。小六の問題数は「国語A」一〇問、「国語B」四問、「算数A」七問、「算数B」七問といった具合である。こんな少ない問題数で、全国の児童生徒の学力は本当に測れるのであろうか。

表 1-2　全国学テの実施概要

テスト時間	実施日	問題構成	対象学年
小学校は 60 分間:「A 問題」(国語・算数：各 20 分間)、「B 問題」（国語・算数：各 40 分間)。 中学校は 90 分間:「A 問題」「B 問題」（国語・数学：各 45 分間)。	毎年 4 月の第 3 もしくは第 4 火曜日。	A 問題（「知識」の基礎・基本）と B 問題（知識の「活用」）で構成。	全国の公立・私立の小学校 6 年生と中学校 3 年生で特別支援学校と中等教育学校（中高一貫校）も含む。

問題数の少なさに反して、児童生徒の「学習・生活環境のアンケート調査」の質問項目は多い。全部で二九頁、九九項目の質問が並んでいる。この学習・生活環境調査の目的は、児童生徒の「学習意欲、学習方法、学習環境、生活の諸側等」を調べて、学力テストの結果とリンクさせて学習改善の参考にしようとするものである。設問・問題の量だけを比較すれば、どちらに重点が置かれているのか疑問に感じてしまう。

「学力テスト」と「学習・生活環境のアンケート調査」で構成されている全国学テの目的は、以下のように述べられている。

ア　全国的な義務教育の機会均等とその水準の維持向上の観点から、各地域における児童生徒の学力・学習状況を把握・分析することにより、教育及び教育施策の成果と課題を検証し、その改善を図る。

イ　各教育委員会、学校等が全国的な状況との関係において自らの教育及び教育施策の成果と課題を把握し、その改善を図り、併せて児童生徒一人一人の学習改善や学習意欲の向上につなげる。

全国学テの目的は、アとイから判断すると、「児童生徒の学力状況の把握・分析」「教育及び教育施策の成果と課題の検証」「児童生徒の学習改善・学習意欲の向上」

表 1-3　2007 年 4 月 24 日に全国学テを実施した学校・児童生徒

		対象学校数	学校数（実施率）	児童数
小学校調査	公立学校	21,939 校	21,889 校（99.8%）	1,125,585 人
	国立学校	75 校	75 校（100%）	7,631 人
	私立学校	180 校	108 校（60.0%）	6,276 人
中学校調査	公立学校	10,250 校	10,050 校（98.0%）	1,023,516 人
	国立学校	81 校	78 校（96.3%）	10,540 人
	私立学校	688 校	416 校（60.5%）	43,153 人

の三つを柱としている。たった六〇分や九〇分間のテスト問題で、こうした三つの目的を達成することは学力調査としては妥当なものであろうか。

テスト専門家の指摘

テスト設計のあり方を専門的に研究する東北大学の倉元直樹は、「一つの調査で多くの目的をカバーしようと考えることは望ましくない」（倉元、二〇〇八、二〇七頁）と指摘する。

テストの専門家が指摘する学力テストの常識は、目的を一つに絞ることである。つまりは、全国学テの目的は「児童生徒の学力状況の把握・分析」だけで十分である。「教育及び教育施策の成果と課題の検証」は、文科省や各教育員会における教育行政機関の仕事である。また、九九項目からなる学習・生活環境調査は、「児童生徒の学習改善・学習意欲の向上」を目的とするが、何も全国調査をしなくても学校の教員の方が十分に児童生徒の学習状況・生活状況を把握しているはずである。テスト設計の常識を無視して、三つものテスト目的を設定していること自体、不自然で誤りであろう。

ところで、この全国学テと似たような学力テストが一九六一（昭和三六）年にも実施されていた。全国の中学二・三年生を対象とした「全国中学校一斉学力調査」（当時の通称は「学テ」と呼ばれていた。）である。この時は、学テの実施が学校や地域間競争を過熱させたとして、一九六六（昭和四一）年に早々と中止となっている。五〇年以上も前に実施され、中止に追い込まれた学テが、亡霊のように復活したことになる。

二〇〇七（平成一九）年四月二四日（火）に実施された第一回全国学テは、全ての児童生徒を対象とした「悉皆調査」として実施されている。約半世紀前の学テは中学生だけを対象としたが、今回は、小学生も対象とした日本初のテストであった。驚くべきは、その参加率である。参加した学校数・児童数は〈**表1―3**〉のようになる。

参加率は、私立学校以外は一〇〇％に近い。全国でたった一つ不参加を表明した自治体が、人口約七万五千人たらずの愛知県犬山市であった。約半世紀ぶりの復活であったにもかかわらず、一〇〇％近い参加率は何を物語るのか。「悉皆調査」を実施する「国の政策・方針には逆らえない」ということであろうか。

3 学力テストに要する多額の費用

初年度は一〇〇億円

次に、全国学テを実施する際に要する多額の費用の問題を検討したい。もちろん、約二二二万人もの小中学校の児童生徒を対象とした全国規模の学力テストである以上、その実施に要する経費も巨額となることは不自然ではない。問題は、その費用対効果だ。多額の費用がかかっても有意義で、高い効果が見込まれる学力テストであれば何も問題はない。

表 1-4　文科省の全国学テに関する「行政事業レビューシート」（単位：百万円）

年度	予算額	執行額	調査研究
2007	4,965	4,603	／
2008	4,941	4.825	／
2009	4,809	4,660	17
2010	2,627	2,452	15
2011	2,987	2,141	11
2012	3,337	3,130	9.7
2013	4,732	4,656	38.8
2014	5,185	（不明）	（不明）

しかし、本章の冒頭でも述べたように、初回の二〇〇七年と二〇一四年を比較しても、学力は上がってはいない。だとすれば、この一〇年間に全国学テにつぎ込まれた国民の税金は、その多くが無駄だったことになる。本節では、この無駄な巨額の経費の実態を指摘しておきたい。まずは、全国学テ実施に伴う費用の確認から始めたい。〈表1―4〉は、文科省が公表した二〇〇七（平成一九）年度から二〇一四（平成二六）年度までの、全国学テの「予算額（補正後）」「執行額」と「学力調査に活用した専門的な課題分析に関する調査研究の総事業費」の額である。

最大で五〇億円を超えている年度もあるが、少ない年度は二〇億円程度である。しかし、実際に使われた費用はもっと多額である。教育社会学者の藤田英典は、「初年度は実施業者への委託費六〇億円以上に加え、その他の諸経費も入れると一〇〇億円を越えている」（藤田、二〇〇九、二三七頁）とし、二年目も六〇億円以上かかっている、と指摘する。全国学テの経費の内訳は、「テスト問題の作成」「印刷」「全国の小中学校への問題配布と回収」「採点」「集計」「分析」「分析結果の報告書作成」「結果の検討」などである。全国一斉に実施される以上、多額の経費を要することは理解できる。しかし、全国学テの実施に多額の費用を要する最大の原因は、テスト業者の選定方法に問題があるからである。

全国学テの実施は、文科省や国立教育政策研究所が直接行うわけではない。一般競争入札によってテスト業者に委託される。テスト業者が担当する仕事は、「事業の実施」、および「事業の実施にかかわる一連の計画・体制・仕組みの構築」「調査資材の設計・作成・梱包・配送・回収・結果提供の実施」「採点・集計作業の実施」「セキュリティ」「事業全体の連携・マネジメント」などである。例えば、小学校六年生のテスト実施は、入札制度が導入された二〇〇八年度分から「ベネッセコーポレーション」（岡山市）一社が入札し、落札している。中学校三年生では「内田洋行」（東京）一社が入札し、落札している[2]。

どちらも業界最王手の一流企業であるから、全国学テの落札を行ったこと自体は不思議ではない。しかし、問題は競争相手のいない落札価格である。なぜ競争相手がいないのか。二〇一三年に『朝日新聞』は、この点を問題として「競争無き競争入札になっている予定価格に対する落札額は、九九・九％」（『朝日新聞』二〇一三年三月三日）と報じている。高いコストでの独占状態が、全国学テの費用も巨額なものにする要因と言える。問題用紙の印刷業務も同じである。「共同印刷と凸版印刷の二社だけが入札に参入」し、「予定価格に対する落札率は、九八―九九％台と極めて高い年が半数に達している」（『朝日新聞』二〇一四年三月一八日）。

もっとも、入札の際の談合的体質は全国学テだけではなく、様々な行政分野で見られるものである。例えば、全国学テと同じ文科省傘下の日本原子力研究開発機構における競争入札も、異常な状態が続いている。二〇一一年以降の競争入札七一九件のうち、落札価格一〇〇％（予定価格と落札価格が同じ）の契約は一八九件（二六・三％）であり、九九％以上の契約になると、実に七割以上になったことが指摘されている（『東京新聞』二〇一五年一二月二二日）。いずれにせよ、学力テストに関する入札状況は、世間の一般常識とはかけ離れたものである。毎年二〇〇万人以上もの児童生徒が受ける全国学テは、テスト会社にとってはまさに巨大市場である。今や学力テス

表 1-5　地方自治体における学力テストの実施状況

	都道府県教育委員会	市教育委員会	町村教育委員会
調査期間	2013.4.25. ～ 8.31.	2012.7.26. ～ 10.31.	2013.7.11. ～ 11.15.
送付数	47	241	216
回収数（率）	40（85.1%）	149（61.8%）	166（76.9%）
実施数（率）	26（65%）	104（69.8%）	95（57.2%）
未実施数	14（35%）	45（30.2%）	71（42.8%）
全国の自治体数	47 都道府県	787 市	930 町村

（注）都道府県教育委員会の 5 教委は面接調査の際に「アンケート」を実施。

トは、巨額の利益を生む産業分野に成長している。

地方学テの実施状況

全国学テは、二〇〇七年から三年間は全国すべての学校を対象とする「悉皆調査」という方法が取られたが、二〇一〇（平成二二）年度は民主党政権下で約三割の学校を対象とする「抽出調査」に変更された。しかしながら、抽出調査であっても、自発的に全国学テへの参加を希望する学校も多く、全体で約七割の学校が参加している。この時の費用は、〈表1―4〉によれば二五億円程度であった。また、翌年は東日本大震災の影響で、全国学テは中止となっているものの、それでも二〇億円以上もの税金が使われている。この二年間を除く各年度においては、先に述べた藤田の指摘を参考とすれば、毎年六〇億円程度が使われており、二〇〇七年度から現在までに約五〇〇億円以上もの税金が投入されたことになる。

しかも、学力テストを実施しているのは国だけではない。全国の都道府県、市区町村も同じように独自の地方学力テスト（以下、「地方学テ」と略す。）を実施している。すでに、二〇〇六年度には全国の三九都道府県・一三指定都市でも地方学テを実施し、現在もおおむね継続されている。筆者は、二〇一二年・二〇一三年に全国の都道府県・市町村教育委員会に対する地方学テの実施状況に関する「アンケート調査」を実施した。この調査の概要は、〈表1―5〉の通りである[3]。

問題は全国学テと同様に、多額の費用を要する点である。地方自治体における調査方法も、全国学テと同じく、全ての児童生徒を対象にした「悉皆調査」を行うケースがほとんどである。しかも、後に述べるように、問題作成やテスト結果の集計・分析もテスト業者に委託しているケースが多く、さらに費用を要することになる。比較的高額な県を挙げれば、中国・四国地方のA県が約四，五〇〇万円、B県が約三，八〇〇万円となる。一般的には一，〇〇〇万円から数百万円程度の都道府県が多い。一方、市町村でも数千万円から数百万円の費用を要するケースが一般的である。高額な市はC市（関東）の約二，三〇〇万円、D市（関西）の約一，六〇〇万円であり、町村はE町（関東）の約三三〇万円などが高額である。

しかも、こうした市町村の学力テストは八割程度が二〇〇三年以降に開始しており、すでに一〇年以上経過したことになる。二〇〇三年から二〇一五年までの一三年間に、どんなに低く見積もっても全国の都道府県・市区町村において、地方学テの実施に五〇〇億円以上の税金を投入したと推測できる。すると、全国学テで五〇〇億円、地方学テで五〇〇億円、合わせて一，〇〇〇億円以上もの税金が使われていることになる。この約一，〇〇〇億円以上と予想される経費は無駄であろうか。有効であろうか。この結論は、本章の最後に述べるとして、次に日本の全国学テと国際的な学力テストの実施状況を比較検証してみたい。

4 学力テスト「日本の常識、世界の非常識」

PISA・TIMSS・NAEPの実施状況

国民の血税を惜しげもなくつぎ込む日本の学力テスト。日本の学力テストが有効か否かを検証するために、国際的な学力テストの実施方法と比較してみたい。結論をいえば、日本国内で通用する学力テストの常識は、世界の学力テストの常識と比べて非常識なものである。全国学テの第三の問題点は、この世界の学力テストの常識から逸脱した実施内容にある。例えば、本章の冒頭でも述べた「経済協力開発機構（ＯＥＣＤ）」が三年ごとに実施するＰＩＳＡと「国際教育到達度評価学会（ＩＥＡ）」が四年ごとに実施するＴＩＭＳＳは、日本も参加している国際的な学力到達度調査である。日本の全国学テとＰＩＳＡ・ＴＩＭＳＳを比較検証すれば、日本の学力テストの異常さが一目瞭然となる。

ＰＩＳＡは二〇〇〇年から開始されているが、日本では二〇〇三年に「数学リテラシー」が六位、「読解力」が一四位に低迷し、「ＰＩＳＡショック」としてマスコミでも大々的に報道され、日本の学力低下を示す根拠となった学力テストである。その後も、ＰＩＳＡの結果は世界における日本の学力の実態や順位を示すものとして、国民的な関心を呼んでいる。一方、二〇〇三年のＴＩＭＳＳの結果は比較的良好であり、数学は五位、理科は六位であった。このＰＩＳＡとＴＩＭＳＳの実施概要は、〈**表1—6**〉の通りである。

全国学テのテスト時間は、先にも述べたように六〇分か九〇分間で、その問題数は小六の「国語Ａ」一〇問、「国語Ｂ」四問、「算数Ａ」七問、「算数Ｂ」七問であった。一方、ＰＩＳＡとＴＩＭＳＳのテスト問題は、それぞれにテスト問題の冊子が複数あり、少ない人数で多くの問題項目における学力の実態把握を可能とする「重複テスト分冊法」という手法が採用されている。例えば、二〇〇九年のＰＩＳＡは総計六・五時間分に相当する問題が使用され、問題の組み合わせによって十三種類（冊）のブックレット（テスト問題群）が準備されている。各生徒は、そのうちの一種類のブックレットを二時間かけて解答する方式である。

表 1-6 PISA と TIMSS の実施概要

	PISA	TIMSS
調査科目	「数学的リテラシー」「読解力」「科学的リテラシー」と「問題解決能力」（2003 年 7 月実施）	「算数・数学」及び「理科」（2003 年 2 月実施）
調査対象	義務教育修了段階の 15 歳児。	第 4 学年（小 4）と第 8 学年（中 2）。
調査目的	知識・技能を、実生活の様々な場面で直面する課題にどの程度活用できるかを評価（記述式が中心で、特定の学校カリキュラムの習得をみるものではない）。	初等中等段階で得た知識や技能がどの程度習得されているかを評価（選択肢が中心）。
参加国	41 カ国・地域（OECD 加盟 30 カ国、非加盟 11 カ国・地域）	第 4 学年（小 4）：世界 25 カ国／地域 第 8 学年（中 2）：46 カ国／地域
実施方法	3 年に 1 回の抽出調査。2003 年は日本国内で約 4,700 人（全体で約 28 万人）、2006 年は約 6,000 人（約 40 万人）、2009 年に約 6,000 人（約 49 万人）が「層化二段階抽出法」で選ばれる。	4 年に 1 回の抽出調査。2003 年は日本国内で 9,391 人（全体で約 34 万人）、2007 年は 8,799 人（約 38 万人）、2011 年は 8,825 人（約 50 万人）が「層化二段階抽出法」で選ばれる。

十三種類の全体の問題数は、「読解力」一〇一問、「数学的リテラシー」三五問、「科学的リテラシー」五三問である。二〇一一年のＴＩＭＳＳは、十四種類の問題冊子の中から一種類が割り当てられる。児童生徒により出題される問題は異なるが、一人の児童生徒が解く問題数は、算数・数学及び理科を合わせて、小学校は約五〇問（七二分間）、中学校は約六〇問（九〇分間）である。十四種類の問題冊子の全問題数は、小学校で「算数」一七七問、「理科」一七五問、中学校で「数学」二一七問、「理科」二一九問である。問題の質はさておき、その量は日本の全国学テとは全く異なるものである。

では、わが国の全国学テと似たような学力テストを実施しているアメリカの場合は、どうだろうか。一九六九年以来、アメリカで唯一定期的に実施されているテストが「全米学力調査（The National Assessment of Educational Progress ＝ＮＡＥＰ）」である。その実施概要は、以下のようになる。

・主調査は全米の公立・私立の第四学年（九歳）、第八学年（十三歳）、第十二学年（十七歳）を対象として、「読解」「数学」「科学」「作文」「米国史」「公民」「地理」などが試験科目である。

・対象となる科目は、毎年か一年おきに一～三教科が選択される。

・受験者は「層化多段抽出法」によって選ばれ、二〇〇〇年では全米調査が一〇万六千人、州別調査が約六〇万人程度である。

・設問形式は、多肢選択式と解答構築式が併用され、「読解」では「物語」「詩」「エッセイ」「レポート」「教科書の抜粋」など、様々な設問が設けられている。第八学年に対する設問数は、「読解」だけでも一〇三問であるが、ＰＩＳＡやＴＩＭＳＳと同じように「重複テスト分冊法」が用いられている（荒井・倉元、二〇〇八、一一八―一二三頁）[4]。

全国学テの特異性

日本の全国学テの受験者は、全員を対象とする「悉皆調査」であるが、ＰＩＳＡやＴＩＭＳＳなどの国際学力テスト、ならびにアメリカのＮＡＥＰなどの学力テストは、「抽出調査」というやり方である。学力の実態把握を行おうとすれば、世界の常識は「抽出調査」だということだ。それだけではない。日本の全国学テにおける特異性を指摘すると、以下のようになる。

◆世界の学力調査は、三～四年ごとに実施される抽出調査であるが、日本の全国調査は、二二〇万人以上もの児童生徒を対象にしているにもかかわらず「悉皆調査」である。学問的には、抽出調査は「大量のデータを短時間で処理しようとすることから生じる非標本誤差が少ない」こと、「法的根拠なしの完全な悉皆調査が不可能に近いこと」（盛山、二〇〇四、一一六頁）などが指摘され、本来の学力調査は抽出調査が望ましい。

◆世界の学力調査の目的は、学力の中身の違いはあるものの、受験する児童生徒の「学力の実態把握」である。一方、日本の全国学テは、「児童生徒の学力状況の把握・分析」「教育及び教育施策の成果と課題の検証」「児童生徒の学習改善・学習意欲の向上」の三つの事柄を柱としている。調査目的は、一つに絞るべきである。

◆全国学テは毎年実施され、経年変化分析調査も実施されている。同調査の目的は、「国全体の学力の状況について、経年の変化を把握・分析し、今後の教育施策の検証・改善に役立てる」というものであるが、そもそも毎年のテスト問題の難易度が異なる以上、経年変化を調べることは不可能である。

とりわけ、全国学テが採用している「悉皆調査」という方法は、多額の費用を要するだけでなく、学校・教員の時間・労力も必要とする。こうした費用・時間・労力を削減するためには、悉皆調査ではなく、「抽出調査」を採用すべきである。それが世界の常識である。全国学テや地方学テの目的は、入学試験のような受験者個人の結果に関する情報を得ようとするものではない。あくまでも、学校や自治体ごとの「平均正答率」（問題ごとの正答率を足して問題数で割った値）や「設定通過率」（正答または準正答の割合の合計である通過率が、どの程度になるかを示した数値）などの情報を得ようとするものである。だとすれば、「多額の費用と手間をかけて悉皆調査を行う必然性は全くない」（倉元、二〇〇八、二〇九頁）ことになる。

実は、日本の全国学テの問題点は、これまでに述べた三つだけではない。文科省の意向を受けて全国学テを実施する国立教育政策研究所は、二〇〇九年八月に全国学テの結果をもとに、「全国学力・学習状況調査において特徴ある結果を示した学校における取組事例集」を公表している。この事例集は、二〇〇七（平成一九）年度・二〇〇八（平成二〇）年度の二年間の全国学テにおいて、正答率が高いなどの特徴ある結果を示した学校（小・中学校各八校）を選び出し、その取り組みの事例を取りまとめたものである。

教育評論家の尾木直樹は、この事例集が各教育委員会で「今後の教育行政の参考」にするということに対して、「ここまでくると善意だけでは通用しない教育統制の危険性」（尾木、二〇〇九、一〇頁）があると警鐘している。しかも、その事例集の内容は、「何とも幼稚なイラスト入りの授業アイデア集」（尾木、二〇〇九、一二頁）であるとも酷評する。尾木の指摘に従えば、全国学テの実施は学力を上げることは二の次で、全国の学校・教員に対する「授業内容や方法の統制」といった側面が強いことになる。そもそも、全国学テの結果を基に「（教員の）授業・指導力改善」に活かそうとすること自体、国からの強制的な改善命令に等しく、学校現場を管理・統制するものである。

結局、学校現場では「授業・指導力改善」の結果を示すためには、全国学テ対策の授業を余儀なくされ、テストの点数が「学力」となってしまう。全国学テのテスト問題は、A問題（基礎・基本）とB問題（活用）に区分されているが、A問題とB問題の相関関係が相当に高く、「基本的には同じ学力を測っている」（藤田、二〇〇九、一三八頁）ことが指摘されている。

だとすれば、学校現場はA問題中心の基礎・基本学力の対策を行うことになる。文科省は、ＰＩＳＡ型の活用学力をしきりに強調するが、全国学テの問題を見る限りでは、文科省自体の学力政策が矛盾していることになる。こうした矛盾を押しつけられる学校現場は、どのように対応すればいいのだろうか。また、全国学テの目的に「教育及び教育施策の成果と課題の検証」とあるが、全国学テの結果が国や自治体の教育施策の改善に貢献したとは思えない。実施から一〇年を過ぎても、一向にテストのやり方、分析の仕方にも変化はない。学校・教員だけに改善を押しつけるのではなく、まずは全国学テのあり方から改めるべきであろう。

5　繰り返される学力テスト

地方学テの実態と特色

筆者自身は、テストそれ自体に反対ではない。学校・教員による日頃の学習内容を確認するための中間・期末テスト、何かの資格取得・検定を目的としたテスト、入学試験など、世の中には様々なテストがある。目的が明確で、個人の参入や退却が自由で、公正に実施されるテストであれば、何の問題もない。もしも、地方学テが本当に都道府県や市区町村内の児童生徒の学力を把握し、一人ひとりの学力向上に役立つものならば、両手を挙げて賛成する。

全国学テと違って、地域の児童生徒を対象とした地方学テは、より地域の実情や歴史・文化を反映したものにすることが可能である。それぞれの地域が、独自の歴史・文化・伝統を考慮しながら行う学力テストであれば、やり方や内容を様々に工夫できる。例えば、沖縄県であれば平和教育や沖縄独自の言語や文化の問題を出題する。

北海道であれば、開拓やアイヌ民族の歴史、北方領土の問題を出題する。地域で生まれ、地域で生きる児童生徒を育てることにもなる。自らが育った地域の歴史・自然・文化・食などを学びつつ、その興味・関心を次第に広げ、深めて行くことが大切である。

しかしながら、現在の地方学テは全国学テと同じようなテストを実施し、その独自性も特色もない。多くの自治体が、国・算（数）・理・社・英のテストを行う。全国学テが二〇〇七年から毎年実施されているにもかかわらず、なぜ、同じような地方学テが全国各地で行われているのだろうか。例えていえば、すでにお腹が満腹な状態であるにもかかわらず、同じメニューの食事を何度も取るようなものである。

では、地方学テは一体何を目的にして実施されているのか。また、各自治体の学力テストに何か違いはあるのだろうか。筆者が実施したアンケート調査の結果に基づけば、地方学テの目的は、「学力の実態把握」「（教員の）授業・指導力改善」「学力向上」の三つに集約され、全体の九割以上を占めている。つまりは、地方学テの目的は、全国学テのそれとおおむね同じであり、同じようなテストが国と地方で繰り返し実施されているにすぎない。国と地方の学力テストの唯一の違いを挙げれば、地方学テの「（教員の）授業・指導力改善」が全国学テの目的にはなく、代わって「教育及び教育施策の成果と課題の検証と改善」が掲げられている点である。この点は、文科省と地方教育委員会の立場上の違いにすぎず、同じような内容を伴うものである。

結局、地方学テの目的も全国学テの目的も「大差なし」である。そして、全国学テが小学校では六〇分間、中学校では九〇分間で実施されているが、地方学テの場合は、さらにテスト時間が短縮され、ほぼ小学校で四五分、中学校で五〇分となる。問題数も一教科二〇―二五問程度である。こんなわずかな時間と問題数で、「学力の実態把握」「（教員の）授業・指導力改善」「学力向上」を実現することは可能であろうか。こうした地方学テの実態ならびに特色として、次の四つの事柄が指摘できる（北野、二〇一五）。

第一には、都道府県の学力テストの実施数に大きな変化はないが、「市町村における学力テストの実施状況は、一〇年前と比べれば確実に増加している」。二〇〇六年に国立教育政策研究所の青木栄一（現在は東北大学）が行った、すべての地方自治体に対する学力テストの実施状況調査と比べれば、比率的には地方自治体の学力テストは増加している。

第二には、地方学テの目的・利用の仕方は「全国的に標準化され、特に地域的な差異は存在しない」ことである。多くの都道府県・市町村教委における地方学テの目的は、全国学テのそれとほぼ同じであり、全国学テの地方版に過ぎないのである。

第三には、地方学テの結果公表の仕方（複数回答可）は、外部に向けて「教育委員会のホームページなどで公表している」とする教委は、「アンケート調査」の結果では都道府県教委は二六教委中二五教委であるものの、市町村の場合には二四市、三町村に過ぎない。多くの市町村教委は、テスト結果を「内部向けの資料」として活用してだけである。内部向けというのは、校長・教員研修などで結果を報告するか、学校に個別に結果を知らせるというものである。

教育委員会が学力テストの結果公表に躊躇するのは、「競争を避ける」「学校数が少ない」「一校あたりの児童・生徒数も少ないために、学校や児童生徒が特定されてしまう」ことなどが理由である。学校や児童生徒が特定されれば、ランキング化も可能となる。結果を公表しない理由は、「学力が高い」「学力が低い」という世間の評価を避けるためであろうが、「内部向けの資料」は作成されているので、テスト結果によるランキング化は可能である。そうすると、危険で公表できない資料を自ら作成しているにもかかわらず、その結果や内容をひたすら隠すという事になる。何とも奇妙で、不思議な資料ではなかろうか。

では、地方学テは何を集計・分析しているのであろうか。もちろん「児童生徒の個人得点」は分析されている。また、ほとんどの自治体が受験者全体と学校ごとの「平均正答率」、ならびに受験者全体の正答または準正答の割合の合計である通過率が、どの程度になるかを示した「設定通過率」も分析している。

しかしながら、この平均正答率も設定通過率も学校間比較を目的として数値化すれば、ランキング化は可能となる。現状では多くの市町村教委による学力調査は、受験者と学校の「比較」「競争」を目的とはしていないものの、いつでも「学校別」「地域別」のランキング化を可能とする体制を整えていることになる。

学力テストの結果が、学力の低い児童生徒・学校・地域への支援を積極的に行うための基準となるなら、筆者は地方学テに両手を挙げて賛成しよう。だが、国・都道府県・市町村が行う学力テストで学力の低い児童生徒・学校・地域への本格的な支援は行われていない。学校間・地域間格差の是正も行われていない。面接調査で得た各教育委員会の共通の回答は、その多くが「各学校の判断・自主性に委ねる」という消極的なものであった。

テスト会社に依存する地方学テ

地方学テの第四の特色は、学力調査の問題作成・集計・分析が、実質的に外部のテスト業者に「委託」されていることである。その割合は、〈表1―7〉で示したように、都道府県では二六教委中「外部委託」が二教委、「外部機関から購入」が0教委となり、全体の一割にも満たない。一方、「教育委員会」が自らテスト問題を作成している「教委数」が一五教委、「特別委員会」が九教委、「その他」が二教委となった。特別委員会で検討する場合であっても、外部のテスト業者と協力関係を持つ教委もある。

表 1-7　学力テストの問題作成機関

	都道府県教育委員会	市教育委員会	町村教育員会
教育委員会	15（57.7%）	3（2.9%）	1（1.1%）
特別委員会	9（34.6%）	14（13.5%）	5（5.3%）
外部委託	0	39（37.5%）	25（26.6%）
外部機関から購入	0	44（42.3%）	61（64.9%）
その他	2（7.7%）	4（3.8%）	2（2.1%）
合計	26（100%）	104（100%）	94（100%）

（未回答の一町村は除く）

この結果、テスト業者に依存する割合は、さらに高まることになる。面接調査を行った中国地方のＦ県は、「外部機関のテスト問題の原案をもとに、「学力・学習状況調査問題検討委員会」（指導主事及び現場教員などで構成）が検討し、作成及び結果処理を外部機関に委託」（面接調査、二〇一五年五月一日）している。四国のＧ県は、「採点結果の入力・集計は業者に委託」（面接調査、二〇一四年四月三〇日）している。

また、市町村の場合には、都道府県とはまったく事情が異なる。テスト問題の作成は、市町村ともに「外部委託」「外部機関から購入」するケースが多く、八三市（七九・八％）・八六町村（九〇・五％）に達した。テスト業者との密接な関係を示す数値である。一方、問題作成を「教育委員会」や「特別委員会」で実施しているケースは、一七市（一六・三％）・六町村（六・四％）に過ぎない。しかも、「教育委員会」や「特別委員会」で作成しているとしながらも、都道府県と同様に、実際には具体的な作問を外部のテスト業者に委託し、それを教育委員会や特別委員会で修正・調整しているケースも多い。

つまりは、地方学テにおいてはテストの問題作成・集計・分析の仕方に違いがある場合であっても、それは業務委託されたテスト会社の違いを要因とするものであり、市町村教委の学力テストが業者に大きく依存していることは明白である。多くの市町村でテスト問題の作成・集計・分析を外部業者に委託する理由は、時間的・人的負担の軽減が挙げられる。たしかに、市町村教委のような小規模な教育委員会ではテスト問題を作成し、集計・分析も行うような人的資源は不足している。テスト問題は、おおむね指導主事や教員が作成することになるから、大きな負担増になることは明らかである。

しかしながら、九州大学の木村拓也は、別な理由も指摘する。日本のテスト問題が外部委託され、業者テストが多い理由として考えられることは、そもそも戦後から現在まで国レベルにおいてさえも「テストの専門家」が不在であったことを要因とする。木村は、「テストの専門家」とは、戦後直後には「教科」「教育測定（テスト理論）」「サンプリング」を専門とする大学教員・研究者であったが、現代では「心理学者（教育評価論者）」「情報処理」「教育社会学者」「教育政策学者」であるという。こうした変化は様々な事情があろうが、いずれにせよ学力テストの結果を専門的・総合的に分析しようとすれば、地方自治体では不可能に近い。かりに、「教科の専門家（教員や指導主事）」だけでテスト問題を作成したとしても、「（テスト問題の）項目分析を行わず、（内容的妥当性以外の）その他の妥当性及び信頼性の問題を一切不問にした形で導かれたデータ」（木村、二〇〇六a、八九頁）では、何の科学性も担保されないことになり、せいぜい「単純な正答率の比較しか行えなくなるか、或いは、それすら怪しくなるかもしれない」（木村、二〇〇六a、八九頁）。地方学テは、その目的、テスト問題の作成、結果の分析と活用など、いずれも科学的な妥当性や正当性を担保しないままに実施されているという、重大な欠陥を抱えていることになる。

以上、これまで述べてきた全国学テや地方学テの実施状況から導き出せる結論は、今のような「学力テスト」であれば即刻廃止するか、継続するのであれば、多くの改善を必要とするということだ。児童生徒に確かな学力を定着させるためには、もっと長期的な視野に立った学力の実態把握と学力保障を目指すテスト体制を取るべきである。現状のような学力テストでは、正確な「学力の実態把握」も「学力向上」も達成不可能である。にもかかわらず、学力テストは毎年実施されている。次章の課題は、学力テスト実施の本当の理由や意図を明らかにすることである。

注

1 例えば、マサチューセッツ州では一九九七年から「マサチューセッツ州総合評価システム（Massachusetts Comprehensive Assessment System＝MCAS）」が実施されている。MCASは、全米各州で行われている州統一テストの中でも、テスト問題のレベルが高く、かつテスト結果による徹底的な教育改革を行っていると評価されている。詳しくは、北野（二〇〇九）を参照されたい。

2 ベネッセは、もともとは「福武書店」という名で文芸・人文関係の出版も行っていた会社である。だが二〇〇〇年になる前に全面撤退し、現在は、「教育・語学・生活・福祉」の分野を中心に多角的な事業展開を行っている。子育て情報誌の『たまごクラブ』『ひよこクラブ』、通信教育事業の『こどもちゃれんじ』、小中高生用の『進研ゼミ』などが有名である。一方、「内田洋行」は学校教材の開発を手がける商社である。また、教育用ソフトウェア販売なども行っている。

3 筆者は、二〇一三年一〇月～二〇一五年五月にも全国の五一教委（一七都道府県、三四市町村）に対する「面接調査」も実施した。また、アンケート調査によって、全国の二六都道府県、一〇四市、九五町村が独自の学力テストを実施していることが判明した。しかも、面接調査の際に青森県（四〇市町村）、山形県（三五市町村）、高知県（三四市町村）、大分県（一八市町村）、沖縄県（四一市町村）などでは県内全ての市町村でも学力テストが実施されていることが判明した。これらの五つの県の市町村の実施数一六八を加えれば、市町村における学力テストの実施総数は〈表1―3〉の倍近くになる。そして、「アンケート調査」「面接調査」では、これらの自治体で実施されている学力テストは、一部の例外を除いて、「ベネッセ」「東京書籍」「図書文化社」などといったテスト業者にテスト実施を委託していることも確認された。

4 「層化多段抽出法」とは、「層化抽出法」と「多段抽出法」を組み合わせたものである。予め母集団をグループ化し、それぞれから必要な個数の標本を無作為に抽出する（層化抽出）。次に、被調査者の児童生徒を抽出するために、大きなユニットから絞り込む方法である（多段抽出）。多段抽出の各段階で、層化抽出法を組み合わせていく（荒井・倉元、二〇〇八、六七頁）。

参考文献

青木栄一（二〇〇六）「地域からの教育改革・学力向上施策―市区町村のとりくみ全国調査から―」二一世紀ＣＯＥプログラム東京大学大学院教育学研究科基礎学力研究開発センター編『日本の教育と基礎学力』明石書店、一四二―一六六頁

荒井克弘・倉元直樹編著（二〇〇八）『全国学力調査―日米比較研究―』金子書房

尾木直樹（二〇〇九）『「全国学力テスト」はなぜダメなのか』岩波書店

倉元直樹（二〇〇八）「テスト・スタンダードからみたわが国の全国学力調査の条件」荒井・倉元直樹編著『全国学力調査：日米比較研究』金子書房、二〇四―二二八頁

北野秋男編著（二〇〇九）『現代アメリカの教育アセスメント行政の展開』東信堂

北野秋男（二〇一一）『日米のテスト戦略―ハイステイクス・テスト導入の経緯と実態―』風間書房

北野秋男（二〇一五）「全国の市町村教育委員会による「学力調査」の実施状況―学力評価体制の実態と構造―」日本大学教育学会『教育学雑誌』第五二号、一七―三二頁

木村拓也（二〇〇六ａ）「戦後日本において「テストの専門家」とは一体誰であったのか？―戦後日本における学力調査一覧と「大規模学力テスト」の関係者一覧―」『教育情報学研究』第四号、六七―一〇〇頁

木村拓也（二〇〇六ｂ）「日本における「テストの専門家」を巡る人材養成状況の量的把握」『日本テスト学会誌』Vol. 6, No. 1. 二九―四九頁

佐貫　浩（二〇〇七）『イギリスの教育改革と日本』高文研

藤田英典（二〇〇九）「有害無益な全国学力テスト―地域・学校の序列化と学力・学習の矮小化―」岩波書店『世界（一月号）』二三二―二四〇頁

耳塚寛明（二〇〇九）「全国調査の結果による市町村・学校のサンプリング手法及び教員等に対する補完的な追加調査を実施・活用する調査分析手法の調査研究」一―一七九頁

吉田多美子（二〇〇五）「イギリス教育改革の変遷―ナショナルカリキュラムを中心に―」『レファレンス』（11月号）九九―一一二頁

Bush, George W. 2001 *No Child Left Behind*, pp. 1-16 [http://www.whitehouse.gov/news/reports/no-child-left-behind.html#2[2006.11.5. 取得]

Foster, John B. (2011) Education and the Structural Crisis of Capital; The U.S. Case, *Monthly Review*,Vol.63, pp.1-21.

The National Commission on Excellence in Education, 1983 *A Nation at Risk: The Imperial for Educational Reform, Washington D.C.*: U.S. Department of Education.

Ravitch, DianeX 2010, *The Death and Life of the Great American School System; How Testing and Choice Are Undermining Education*, N.Y., Basics Books.

第2章　なぜ「学力テスト政策」は普及・浸透したか

1　学力テスト政策の「第一期」(発生の前段階)

「ゆとり教育」による学力低下

第1章では、疑問や問題点の多い学力テスト政策の実態を考察した。本章では、こうした学力テスト政策が、なぜ全国に普及・蔓延したかを段階的に説明する。学力テストによる学力向上政策は、他の教育政策とは異なり、マスコミや国民からの支持を得やすく、批判することが難しい。学力向上は児童生徒のみならず、親・保護者の願いでもある。また、「学力を上げること」は文科省・教育委員会・学校（教師）の「使命」でもある。学力テストによる学力向上を主張する者は、いわば「期待」や「使命感」を背景に持っている分、逆に学力テストの問題点や改善点を冷静に判断することができない。

そして、学力テストで高い点を取ろうとすればするだけ、児童生徒はもちろんだが、学校・教師や教育委員会

表 2-1 「学力テスト政策」の発生段階

	第 1 期（発生の前段階）	第 2 期（地方学テの拡大）	第 3 期（全国学テの実施）	第 4 期（地方学テの蔓延）	第 5 期（結果の公表・公開）
時期	2003 年以前	2003〜2006年	2007〜2009年	2007〜2013年	2014年以降
発生源	「ゆとり教育」による学力低下への危機感	PISA ショック 国家版「教育アカウンタビリティ」	全国学テの実施 世界でトップレベルの学力	地方学テの急激な拡大	「結果の公表・公開」に関する文科省の方針転換
特徴	ローカル・オプティマム政策の開始 散発的に地方学テ発生	地方学テの一斉拡大 疑問だらけの調査	全国学テ実施の法的権限付与 都道府県別のランキング化	全国学テの地方版の蔓延 「結果公表」の自粛	拡大する自治体別・学校別ランキング化 「学校・教員」評価の可能性

の政策担当者の視野を狭め、何が日々の教育にとって大切なのかを考えることを放棄させてしまう。児童生徒が、テストの点数を上げようとすれば、一人黙々とテストの準備を繰り返し、他人との競争に勝たねばならない。教師は、学校組織一丸となってテストの点数を上げることに躍起となる。学校・教育委員会は、他の学校・教育委員会に勝つことを目標に置く。競争社会は、無限の競争を引き起こすだけでなく、人間関係や組織を分断し、孤立させ、その善悪の判断を奪う。そして、自由・多様性・自主性を人々や教育から奪い去る。早急に学力テスト政策の問題点を解明し、テスト政策が普及・蔓延した原因を突き止めなければ、ますます本来の教育からほど遠い、結果重視、競争重視の教育が拡散し、被害が増大する。

本章では、学力テスト政策の起源・発生、普及・浸透を段階的に解明し、今、どのような状態にあるかを明らかにすることを目的とする。**〈表2―1〉**は、学力テスト政策の発生段階を時期区分し、その特徴を述べたものである。ただし、戦後から二〇〇〇年までの学力テストの歴史的変遷については、次章で改めて時期区分を行い、その特徴を指摘したい。本章が問題としているのは、二〇〇〇年頃から普及・蔓延している学力向上や学力比較を目的とした学力テストのことである。

現在の地方学テの発生起源は、一九九六（平成八）年の中教審答申である。中教審は「ゆとり教育」を実現すべく各教育委員会・学校に対して、「子供たち一人一人の良さや可能性を見いだし、それを伸ばすという視点を重視する」と提言している。そして、一九九八（平成一〇）年から、学校週五日制に合わせた三割程度の教科内容の削減、小中学校の各学年における年間七〇時間の削減などによる「ゆとり教育」が実施される。この「ゆとり教育」が「学力低下」の犯人とみなされ、やがて地方学テ開始の契機となる。

「ローカル・オプティマム」の実現

文部省は、なぜ「学力低下」を引き起こすような「ゆとり教育」を始めたのであろうか。文部省が「ゆとり教育」を実施した理由は、学習内容を精選した上で基礎・基本の定着を目指すためであった。これを教育における「ナショナル・ミニマム」と呼ぶ。「ミニマム」とは「最低限」の公共サービスを意味し、国が定めた学習内容の定着を、地方教育委員会や学校に対する「最低限」のノルマとして課すことであった[1]。

一九九八年以前における文部省の学力保障政策は、学習指導要領を「マキシマム・スタンダード」と位置づけるものであったが、これを「ミニマム・スタンダード」へと変更したのである（佐貫・世取山、二〇〇八、四七頁）。それと同時に、当時の政府・文部省は、地方に様々な権限を委譲する地方分権化政策も推し進めながら、地方自治体での新たな学力テスト政策の確立を目指したのであった。

学力テスト政策の「第一期」（発生の前段階）は、各自治体の個別事情もあろうが、おおむね「ゆとり教育」による学力低下批判を契機とするものであった。このことが、学力テスト政策の発生源となったのである。学習指導要領の「ミニマム・スタンダード化」は、文科省（二〇〇一年に「文部科学省」に名称変更）の学力保障政策の重大な政策転換であるが、その実現を政府・文科省ではなく、地方自治体に転嫁したことも学力テスト政策拡大の直接的要因となるものであった。それが、「ローカル・オプティマム」政策である。

「オプティマム」とは、「最適状態」という意味である。要するに、地域ごとに教育の最高・最適状態を作り出すということである。その意味は、「国家が保障すべき一人ひとりの学力保障」を「地域の責任に転嫁する」というものでもある。この「ローカル・オプティマム」を具体的に提言したのが、二〇〇二年一〇月三〇日の地方分権改革推進会議報告書『事務・事業の在り方に関する意見―自主・自立の地域社会をめざして―』である。

同報告書では、「国と地方の役割分担の適正化：ナショナル・ミニマムの達成からローカル・オプティマムの実現へ」を政策目標として掲げつつ、「地方に対する国の種々の関与・規制や補助金等による関与を縮減・廃止し、各地域において、住民のニーズに応じた最適の政策の形成や統合が可能になるような状態を目指す」ことが明言される。端的に言えば、国は、国民に対して「最小限の保障」を行い、代わって地方に「最大限の保障」を肩代わりさせるものである。

具体的な教育政策を挙げれば、「少人数学級の実現」「教員の加配」「教育課程の弾力化」など、地方で自由に実施できるというものだ。「ローカル・オプティマムの実現」。地方の自由裁量を認めるという点では、確かに地方自治体にとっては魅力ある政策である。しかし、自治体ごとの自由な政策を認める反面、国の財政難を理由に、財源は削減しながらも結果責任は自治体が全面的に担うというものだ。仮に自治体に財源がない場合には、何もできないということになり、結果的には地域間格差の拡大を招くことになる。

名古屋大学の中嶋哲彦は、こうした地方公共団体における地域ごとの最適政策の形成・統合（ローカル・オプティマムの実現）を「（国の）ナショナル・ミニマムの実現・確保責任の放棄だけでなく、ナショナル・スタンダードの設定によってローカル・オプティマムの追求さえ国家管理の枠内に押しとどめる意図がある」（中嶋、二〇〇八a、一八一頁）と指摘している。そして、国によるナショナル・スタンダードの達成責任を、「地方公共団体とその住民に押しつけた」（中嶋、二〇〇八a、一八一頁）と批判する。確かに「ローカル・オプティマム」の政策は、地方自治体独自の教育政策を推進する原動力となるが、それ自体は「国家管理の枠内」で実施されるものでしかなかった。すなわち、全国の自治体で二〇〇三年以降に急速に普及・拡大する地方学テも、自治体独自の政策というよりも、「ローカル・オプティマム」へと転換する国の政策に自発的・自主的に従ったものであった。多くの自治体で、二〇〇三年以降に学力テストが開始された理由として、こうした国家が最低限国民に保障すべき公共サービスとしての「ナショナル・ミニマム」の修正・転換がなされ、同時に「地域の最適状態」を目指して地方自治体独自の学力テストを行うことが求められたからに他ならない。

2　学力テスト政策の「第二期」（地方学テの拡大）

二〇〇三年以降に始まる地方学テ

国の学力保障政策の転換は、全国の地方学テ開始の契機となるものであった。たとえば、二〇〇三年以前にすでに独自の学力テストを実施した都道府県教委は存在したものの、二〇〇三年以降に実施した都道府県は、青森・岩手（二〇〇三年）、茨城・東京（二〇〇四年）、埼玉（二〇〇五年）、島根（二〇〇六年）、岐阜（二〇〇七年）、長野・沖縄（二〇〇八年）、栃木（二〇〇九年）、群馬・山梨・岡山（二〇一一年）、高知（二〇一二年）、山口・和歌山（二〇一三年）などが挙げられる。二〇〇六年の時点では三十九都道府県、二〇一二年（平成二四）年度には三十三都道府県が独自の学力テストを実施している。

また、筆者が実施した全国の市町村教委（調査対象：四五一市町村）に対するアンケート調査では、回答があった市の約九割弱（八八市：八七・一％）、町村では七割強（七一町村：七三・二％）が二〇〇三年以降に学力テストを実施している。つまりは、全体では約八割の市町村教委が二〇〇三年以降に学力テストを開始したことになり、まさに「学力調査の時代」（苅谷・志水、二〇〇四、一頁）の始まりと言える。しかしながら、同時に学力調査の目的、調査結果の分析と活用の仕方など、「疑問だらけの調査が少なくない」「調査をすればよしとする風潮が蔓延している」（苅谷・志水、二〇〇四、一―二頁）との指摘もなされている。

では、筆者の実施したアンケート調査で明らかとなった二〇〇三年以降に独自の学力テストを実施した八割ほどの自治体の理由は何だろうか。それは、「ゆとり教育」によって生じた学力低下に対して、学力向上が強く意識されるようになったからである。一例を示そう。例えば、大田原市（栃木県）の小沼　隆教育長（在任期間一九九二～二〇一〇）と市教委は、一九九九（平成一一）年頃から「ゆとり教育」による学力低下を懸念し、独自の漢字ドリルと計算ドリルを作って基礎学力の維持・向上に努めていた。二〇〇二（平成一四）年度からは、市内小中学校の校長・教頭及び教職員代表による「基礎学力向上研究委員会」を設置し、学力向上に関する施策の検討も行う。

小沼教育長は、二〇〇四（平成一六）年から『学習到達度調査・学習意識調査』を導入するが、その際の理由は「基礎・基本というのは非常に大切なことであるので、それは大田原市の子供たちには徹底して指導していきたいというものであった（大田原市議会議事録、平成一四年三月定例会、二〇〇二年三月一四日）。まさに、「ゆとり教育」による基礎・基本の学力低下を不安視し、その対策として独自の学力テストが導入されたことになる。

大田原市の事例が物語るように、二〇〇三年以降においては、「ゆとり教育」による学力低下不安が全国の自治体に少なからず蔓延したと思われる。筆者が行ったアンケート調査の結果、ならびに大田原市のような自治体の事例から確認できることは、学力テスト開始の理由として、学力低下に危機感を抱く各自治体が、学力向上を目指したためであった。このことが、学力テスト政策拡大の発生源となり、学力テスト政策の「第二期」（地方学テの拡大）をもたらしたのである。

二〇〇三年の「PISAショック」

そして、学力テスト政策の拡大に決定的な要因となったものが、二〇〇三（平成一五）年の「PISAショック」である。いわば、幕末の「黒船」のような存在に近く、教育関係者のみならず、学力低下に関する国民的な関心を喚起したものであった。二〇〇三（平成一五）年に実施された経済協力開発機構（OECD）によるPISAの結果は、四一カ国・地域が参加した中で〈**表2—2**〉のような結果となる。

国際学力調査における日本の下位低迷は、「PISAショック」としてマスコミでも大々的に報道された。この「PISAショック」が「第二期」（地方学テの拡大）の学力テスト政策のあり様を決定する要因となるものであった。同年の中教審答申では、全国の教育委員会に対して「独自の学力調査を実施するなどして、きめ細かい状況把握を行うことが重要である」との勧告がなされている。その結果、先にも指摘したように、多くの自治体で二〇〇三年以降に学力テストを実施することになる。

二〇〇三年の「PISAショック」後に、中山成彬文科大臣は、『甦れ、日本！』（二〇〇四年一一月四日）と題するアピールを経済財政諮問会議に提出している。その中で、「学力向上～世界のトップへ」を目標に掲げ、「競

表 2-2　2003 年の PISA における平均得点の国際比較（41 カ国・地域参加）

問題解決能力（2003 年から実施）	読解力（前回 8 位）	科学的リテラシー（前回 2 位）	数学的リテラシー（前回 1 位）
1 位グループ（韓国、フィンランド、香港、日本（4 位））	1 位グループ（フィンランド、韓国、カナダ、オーストラリア） 日本（14 位） ＊日本は OECD 平均と同程度	1 位グループ（フィンランド・日本（2 位）、香港、韓国）	1 位グループ（香港、フィンランド、韓国、オランダ、リヒテンシュテイン、日本（6 位））

争意識の涵養、全国学力テスト実施」を打ち出す。文科省の「脱ゆとり」宣言である。中山文科大臣の学力向上政策は、「学力とは何であるのか」「学力は本当に下がったのか」という問題は検討されていない。初めに「学力が下がった」という結論ありきであり、政治的・政策的な意味合いから提案されたものであった。こうして、学力問題の主役であるはずの教師や子どもは脇に追いやられ、この後には政治主導による学力テスト政策が展開される。

政治主導による学力テスト政策の実施は、二〇〇五年六月の閣議決定『経済財政運営と構造改革に関する基本方針』でも示された。「評価の充実、多様性の拡大、競争と選択の導入の観点をも重視して、今後の教育改革を進める」とされ、児童・生徒の学力状況の把握・分析、これに基づく指導方法の改善・向上を図るため、全国的な学力テストの実施など適切な方策について、速やかに検討を進めるべきことが提言されている。

国家版「教育アカウンタビリティ」の構築

続いて、二〇〇五（平成一七）年一〇月の中教審答申『新しい時代の義務教育を創造する』においても、学力テストの実施が打ち出された。同答申では、国の責務として義務教育の根幹（①教育の機会均等、②水準確保、③無償制）を保障することが明言され、「教育を巡る様々な課題を克服し、国家戦略として世界最高水準の義務教育の実現に取り組むことは、我々の社会全体に課せられた次世代への責任である」との方向性が示される。その責任を果たすための具体的な方策が「教育結果の検証」であった。

義務教育システムについて、目標設定とその実現のための基盤整備を国の責任で行った上で、市区町村・学校の権限と責任を拡大する分権改革を進めるとともに、教育の結果の検証を国の責任で行い、義務教育の質を保証する構造に改革すべきである。

義務教育における構造改革の基本方針としては、①国の目標設定と財源などの基盤整備、②市区町村や学校への権限と責任を拡大する分権改革、③国による教育結果の検証の三つが掲げられる。その上で、その教育改革の方向性を「いわば国の責任によるインプット（目標設定とその実現のための基盤整備）を土台にして、プロセス（実施過程）は市区町村や学校が担い、アウトカム（教育の結果）を国の責任で検証し、質を保証する教育システムへの転換」が示される。

いわば、国家版「教育アカウンタビリティ」による「学力テスト体制」構築の表明であったが、この「アカウンタビリティ」という用語は、もともとは日本語にはなかったものである。そのルーツは、account という会計用語であり、教育政策では教育組織を生産組織と見なし、経済的な指標を用いて責任の遂行や結果責任を求めることになる。

そして、学習到達度・理解度の把握のための全国的な学力テストの実施が決定され、以下のように「学習の到達度・理解度の把握と検証」「指導方法の改善」を目標に掲げつつ、「学校間の序列化や過度な競争」を避けること、活用などの「幅広い学力」形成を目指すことが示されたのであった。

○ 各教科の到達目標を明示し、指導を充実していく上で、学習の到達度・理解度を把握し検証することは極めて重要である。客観的なデータは、指導方法の改善となり、子どもたちの学習にも還元できる。実施の際には、学習意欲の向上に向けた動機付けの観点も考慮しながら、学校間の序列化や過度な競争等につながらないよう配慮する。

○ 具体的な実施の方法、実施体制、結果の扱い等については更に検討する。その際に、自治体や学校が全国的な学力状況との関係でそれぞれの学力状況を把握し、教育の充実への取り組みの動機付けとなるようにすることが重要である。

○ 収集・把握する調査データの取扱いに慎重な配慮をし、地域性、指導方法・指導形態などによる学力状況との関係が分析可能となる方法を検討する。学力調査の調査内容に関しては、知識・技能を実生活の様々な場面などで活用するために必要な思考力・判断力・表現力などを含めた幅広い学力を対象とする。

「PDCAサイクル」の構築

二〇〇五年一一月八日、全国学テ実施に向けた「全国的な学力調査の実施方法等に関する専門家検討会議」（以下、「専門家検討会議」と略す。）が設置された。文科省は、同会議の設置によって、全国的な学力調査を適切かつ円滑に実施するための具体的な実施方法、調査内容などに関する検討を開始する。その報告は、二〇〇六年四月二五日に出されるが、その際に強調されたことは、国の責任による「教育の機会均等や全国的な教育水準の維持向上」と「義務教育における教育の質を保証」することであり、「市区町村・学校の権限と責任の拡大」（文部科学省、二〇〇六）であった。

また、義務教育改革において教育の分野におけるＰＤＣＡサイクルを実施することも示された。ＰＤＣＡとは、Plan（企画・立案）、Do（実施）、Check（検証・評価）、Action（実行・改善）の頭文字を取ったものであり、最後の改善を次の計画に結び付けるなど、継続的な業務改善を図るためのマネジメント手法である。次の〈図２―１〉は、関西のある自治体におけるＰＤＣＡサイクルの内容を示したイメージ図である。

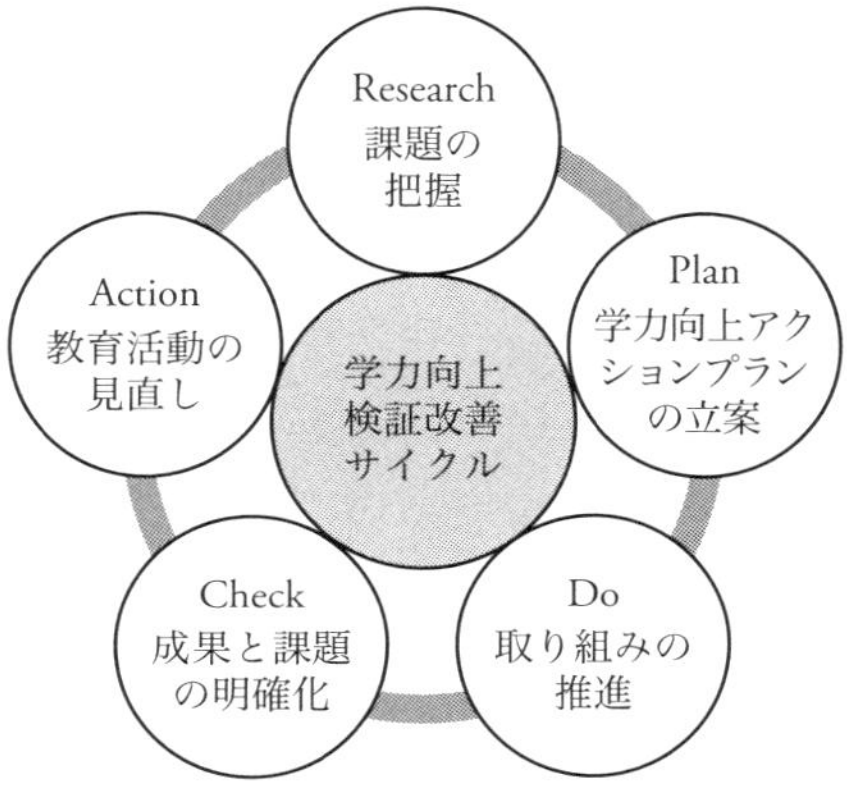

図 2-1 「PDCA サイクル」のイメージ図

この図のタイトルには、「Ｒ‐ＰＤＣＡサイクルに基づく『学力向上検証改善サイクル』を確立するとともに学力向上に関する研究を推進します」と付記され、学力向上が一連の政策に基づいて達成されることが宣言されている。ＰＤＣＡサイクルの検証に用いられるテストが全国学テであり、全国学テの結果が日常の教育活動の結果を検証する指標と位置づけられている。

3　学力テスト政策の「第三期」（全国学テの実施）

「全国学テ」の実施

二〇〇七年四月から開始された全国学テは、国・文科省による義務教育の結果を検証する手段となっただけでなく、結果の検証・評価を地方教育員会・学校に課すための手段ともなった。全国学テの目的は、表向きは教育における学力の「ナショナル・ミニマム」を検証するものであるが、同時に、学力のナショナル・スタンダードを地方ごとに最適な状態で達成することを新たな地方の責任として課すものでもあった。

〈調査の目的〉①全国的な義務教育の機会均等と水準向上のため、児童生徒の学力や学習状況を把握・分析し、教育の結果を検証し、改善を図る。
②各教育委員会、学校等が全国的な状況との関係において自らの教育の結果を把握し、改善を図る。

〈調査の内容〉小学校六年（国語、算数）、中学校三年（国語、数学）を原則として全児童生徒を対象。

「知識」に関する問題と「活用」に関する問題を出題。

生活習慣・学習環境等に関する質問紙調査（児童生徒質問紙学校質問紙）を実施。

↓教科に関する調査結果、質問紙調査の結果の分析や、両者のクロス分析により、各学校や地域の課題を的確に把握。各学校や地域の指導内容や教育施策の効果的な改善に役立てる。

そして、全国学テ実施後の二〇〇七（平成一九）年六月二七日には「学校教育法」が一部改正され、全国学テ実施の法的根拠も整備された。改正された「学校教育法」では、「学校運営評価」（第四二条）と「学校運営情報提供義務」（第四三条）が新たに加えられ、学校評価（第三者評価）と学校運営の状況に関する情報を積極的に提供し、公表することが求められた。また、「地方教育行政に関する組織及び運営に関する法律」（以下、「地教行法」と略す）の一部改正もなされ、旧来の「資料及び報告」（第五四条）に加え、新たに「是正の要求の方式」（第四九条）、「文科大臣の指示」（第五〇条）などにより、文科大臣の権限強化が意図された。全国学テ実施の法的根拠は、この地教行法（第五四条第二項）である。

第五四条　教育行政機関は、的確な調査、統計その他の資料に基いて、その所掌する事務の適切かつ合理的な処理に努めなければならない。

二　文部科学大臣は地方公共団体の長又は教育委員会に対し、都道府県委員会は市町村長又は市町村委員会に対し、それぞれ都道府県又は市町村の区域内の教育に関する事務に関し、必要な調査、統計その他の資料又は報告の提出を求めることができる。

しかしながら、不思議なことに二〇〇〇年以前の国・政府の方針は、地方自治体や学校の「権限と責任を拡大」するという地方分権化推進であった。この矛盾した政策を、どう理解したらいいのであろうか。この点は、先にも述べたように、国の責任で教育の目標管理と基盤整備を行い、市区町村・学校の権限と責任を拡大するものの、教育の結果検証を国の責任で行うということである。地方自治体の権限と責任は拡大するが、その結果責任は国が問う、という学力テスト体制の構築である。

「地方学テ」への影響

一九九〇年代後半から始まる地方分権化推進は、地方自治体や学校の「権限と責任を拡大」するという政策であり、「教育委員会制度改革」「学校における少人数授業」「教育課程の弾力化」などに加え、一斉に地方自治体独自の学力テストが実施されることになる。それは、あたかも二〇〇七年の全国学テに歩調をあわせるかのような地方学テの実施であり、国・都道府県・市区町村による重層的な学力テスト体制の確立でもあった。学力テスト政策が国による拡大・強化によって、地方にも一層定着する「第四期」（地方学テの蔓延）の要因となるものであった。

一例を示そう。例えば、仙台市においては二〇〇七（平成一九）年二月の市議会第一回定例会において、梅原克彦市長が近年の児童・生徒の学力低下状況を危惧し、「児童生徒の基礎学力の充実を目指し、本市単独の取り組みとして、小学校二年生から中学校三年生までの標準学力検査により学習状況を把握・分析し、改善に向けた研究に着手する」（仙台市議会、第一回定例会：二〇〇七年二月一三日）ことが提案された。二〇〇七年四月から全国学テが実施されたにもかかわらず、同年四月から「仙台市標準学力検査および仙台市生活・学習状況調査」も同時に実施された。

こうした仙台市の事例は、何を物語るのであろうか。なぜ仙台市は、国の学力テストと同時並行で実施したのであろうか。全国学テの実施学年は、小六と中三であったが、仙台市は小二から中三までである[2]。仙台市の取り組みは、「児童生徒の基礎学力の充実」を目指すものであったが、テスト問題はテスト業者に完全委託され、問題もテスト終了後に即座に回収され、学校側は問題の確認すら出来ない状態であった。一体何のためのテストであったのか。

こうした仙台市のテスト政策は、仙台市議会における新井　崇教育長の議会答弁によって確認できる。二〇〇七年一二月の市議会第四回定例会で、すげの直子議員は「学力テストの導入によって丸一日費やされること」、「民間の業者による問題作成と採点、問題・解答用紙が回収されてしまうため学校現場では問題内容が全く分からないまま正答率という数字から課題と対策を求められている」とし、学校現場における批判の声を紹介した。

子供と日々向き合っている教員がどんな問題が出されたのか、その妥当性すら確かめることもできないテストで、子供たちの本当の学力をはかることはできません。まして指導に生かせるものにもなり得ません。各学校や教員の指導計画などの自主性も無視して一斉にテストを実施して、数値だけで学校に対策を求めるような学力テストは来年以降、もうやめるべきです（仙台市議会、第四回定例会、二〇〇七年一二月一一日）。

一方、新井教育長の答弁を要約すると、問題用紙の回収は「次年度以降も類似の問題によって客観的なデータを把握するといった理由から回収している」こと、「どの分野の内容の定着率が低いか」を客観的データとして把握し、改善することを目的とし、詳細なデータは「各学校に提供されている」というものであった。仙台市の学力テストは、市議会第四回定例会の内容を読む限りでは、どう考えても学校を良くし、子どもの学力を改善するようなものではない。では、いったい何が目的だったのか。筆者自身は、「学力テスト政策」に感染した自治体の全国学テと歩調を合わせた「学力テスト体制の構築」であったと考えている。

目指せ！　世界のトップレベル

仙台市の事例のように、多くの地方自治体で学力テストが実施された背景には、政府・文科省の学力政策の転換と学力テストによる評価体制の国家的構築を目指す意図があった。一見すると、各自治体による学力テストの拡大・普及は、各自治体独自の動きとも見えるが、その内実は、文科省の学力テスト政策構築の政策に自主的・自発的に従ったものであり、国家が定める学力・学習内容に関するナショナル・スタンダードの定着度を調査し、学力向上を目指すというものであった。

地方自治体の学力テストは、国の学力テストの実施方法を模倣したものであり、いわば国の「ミニチュア版」とも言えるテストであった。つまりは、同じようなテストが繰り返し実施されたにすぎず、犠牲者は学校・教師、児童生徒であった。なぜ、繰り返し同じようなテストを実施するのか。学力向上は名目であり、実施体制の構築を目指すものだったといえる。

国・都道府県・市区町村で同じようなテストが繰り返し実施された、という指摘は二〇一三（平成二五）年三月四日の専門家検討会議でも指摘されている（文科省、二〇一三、五頁）。

> 国レベルの学力調査、場合によっては都道府県、さらには市区町村というようなことで、年間で何度も、調査が実施されており、結果を生かす前に、調査に対応することで現場が疲弊をするという状況は、本来の趣旨からすると、違うのではないかと感じている。そういった意味で、もう少し、国、都道府県、市区町村のレベルでの学力調査の在り方ということを、大きく整理をしていく時期に来ているのではないかと思って

いる。

専門家検討会議では、「わが国の学力テスト政策のあり方を再検討すべし」という提言も見られた。しかし、専門家検討会議での提言は無視される。学力テスト政策は完全に地方にも蔓延し、定着することになる。そして、学力テストが全国に普及・蔓延したところで、学力テストの最終目的が閣議決定として明示される。新たな目標設定である。二〇〇九年一二月三〇日、「『新成長戦略（基本方針）』について」（閣議決定）では、「国際学力調査において、日本が世界のトップレベルになること」が掲げられた。学力向上の最終目的は、「学力を世界でトップにする」ことだったのだ。

初等・中等教育においては、教員の資質向上や民間人の活用を含めた地域の教育支援体制の強化等による教育の質の向上とともに、高校の実質無償化により、社会全体のサポートの下、すべての子どもが後期中等教育を受けられるようにする。その結果、国際的な学習到達度調査において日本が世界トップレベルの順位となることを目指す。

学力を「世界一」にしなければならない理由は、いったい何だったのか。それは、学力における国際的地位の回復であった。そして、そうした要望は、経済界の強い意向が反映されていた。詳しくは第3章で述べるが、グローバル化された国際経済体制下において経済の国際競争力を高めるためには、学力の国際的順位も高める必要があった。経財界は「優れた能力ある人材」「即戦力として使える人材」を強く望んでいたのである。

4　学力テスト政策の「第四期」（地方学テの蔓延）

現在、学力テスト政策が全国に蔓延しているとはいえ、その結果公表は未だ限定的であり、内部的な資料として用いられている場合が多い。全国学テも都道府県別の結果公表はなされているが、二〇一三年までは文科省は、区市町村別、学校別の公表は禁じていた。

地方学テも同じ状態であった。第1章でも述べたように、筆者が実施したアンケート調査と面接調査では、学力テストの結果を「教育委員会のホームページ」などで公表する都道府県は、二六都道府県のうち二五教委であったが、市町村の場合には二二市、三町村に過ぎなかった。また、公表の内容も「受験者個人」や「学校ごと」の結果ではなく、自治体全体の平均正答率や設定通過率の動向を示しているものがほとんどであった

ただし、公表の方法は様々であり、教育委員会のホームページ以外にも、「報告書」「広報」などで公表するケース、「教員・校長などの研修資料」「学校に一任」「受験者に通知」するケースも含まれ、必ずしもすべて外部に向けて公表されているわけではない。

「結果公表」の自粛

逆に、「（外部に向けて）公表していない」とする教委は、一都道府県（三・八%）、三五市（三三・七%）、五三町村（五五・八%）となった。「公表していない」とする自治体の回答は、関東のN市では「テスト結果は外部に対しては公表していない。公表は個人や学校に対して内部的に行う」（面接調査、二〇一四年五月二二日）。四国のO町では「公表しない。町全体の結果（全国や県との比較）は各校長に公表するが、学校ごとの成績は地域性もある

ので知らせない」（面接調査、二〇一四年五月二日）といったものである。

常識的に考えると、テスト結果を自治体内部や学校関係者（指導主事・校長・教員など）にだけに知らせる場合は、「公表」とは言えない。議会資料、広報、市・教育委員会ホームページなど学校関係者以外の外部に向かって知らせる場合が、「公表」（公開・開示）であろう。現状では、多くの自治体では、表向きは地域別・学校別評価やランキング化につながる利用の仕方には慎重であり、テスト結果は教育委員会の内部的資料や学校・教員に対する研修などで配布・利用される場合が多い、ということである。一方、外部に向けて地域別・学校別評価やランキング化を行った例外的な自治体の例を挙げておこう。

・大分県では、二〇一三・一四（平成二五・二六）年度の「大分県学力定着状況調査」において、全ての教科で偏差値平均五〇を上回った学校（小学校四四校、中学校一七校）」（大分県教育委員会、二〇一四）が公表された。

・静岡県では、二〇一四年度の全国学テ（小六国語A）の結果が平均以上だった公立小学校二六二校の校長名と、小六国語・算数の県内三五市町の平均正答率が公表された。

・鳥取県では、「鳥取県情報公開条例」を一部改正して、平成二一年度以降には市町村別・学校別の結果を開示し、全国初の学校別結果の開示を行うケースとなった。

しかし、全国的な動向から考えると、これらの自治体は例外的である。テスト結果の有効活用を目的とするなら、どのように結果を分析し、誰に向けた、何のための公表・公開かが重要である。逆に、公表・公開を控えるべき情報もある。とりわけ、「学校間比較」「地域間比較」（ランキング化）を可能とするような結果の公表・公開は、「公開されたテスト結果が一人歩きしかねない」（倉元、二〇〇八、二〇八頁）状況にもなりかねない。二〇一四年までは、多くの自治体が学力テストの結果公表に慎重な配慮を行い、受験者と学校の「比較」「競争」を直接的な目的とはしていない、といえる。しかしながら、学力テストの結果公表は、今後は急速に進むことが危惧される。

文科省の方針転換

全国学テの学校別結果の公表に関しては、二〇一三年一一月一五日の専門家検討会議において、原則として教育委員会の判断に委ねるとの方針が出された。これを受けて、文科省は、二〇一四（平成二六）年度から全国学テを使って「市区町村別成績」と「学校別成績」の公表を可能とする政策を公表し、自治体や学校のランキング化を可能とした。下村博文文科相は、閣議後の会見で「参加主体であり、最終的な責任を持つ教育委員会が判断することが適当と考えた。教育指導につながる公表を行ってもらいたい」（『日本経済新聞』二〇一三年一一月二九日）と述べている。前年度までは、文科省は結果公表への慎重な配慮を各自治体に求めていたことを考えると、この急変ぶりは、どう考えたらいいのだろうか。政治の世界は「一寸先は闇」ということか。

こうした文科省の突然の方針転換は、近い将来において、全国学テや地方学テを「比較」「競争」をねらいとするものに一気に変容させる、といった危険性を指摘できる。朝日新聞社の二〇一四年一二月の調査では、全国一、七五六市区町村教委の六％にあたる一一四教委が全国学テの結果を「学校別成績」による公表に踏み切り、結果公表を各学校に指示した教委数も九二一教委（五二％）に達している（『朝日新聞』二〇一四年一二月一〇日）[3]。

以上のことから明白な事柄は、二〇一三年までには「市区町村別成績」と「学校別成績」の公表に関する自粛ムードが、今や、もろくも崩れ去ろうとしているということである。今後は、「比較」「競争」を全面に掲げて学力テストを実施する自治体が増えるであろう。何故ならば、すでに二〇一四年以前に原則非公開とする文科省の方針を無視した自治体も存在したからである。釧路市（北海道）での出来事を紹介しよう。

釧路市の事例は、教育委員会ではなく、全国初の議員による「学力条例」の制定として注目を集めたものである。二〇一二年の第六回釧路市議会一二月五日定例会で、「釧路市の子どもたちに基礎学力の習得を保障するための教育の推進に関する条例」（「基礎学力保障条例」）が議員提案として提出されている。

同条例は、児童・生徒の学力低下に危機感を抱く市議会議員一〇名が議員提案したものであり、教育委員会は蚊帳の外に置かれたのである。そして、同定例会において可決・成立し、二〇一三年一月一日から施行されている。釧路市は、二〇一二年から「釧路市標準学力検査」を市内小学校（三―五年生）と中学校（一―二年生）を対象に実施している。

蝦名大也市長は、条例制定について「競争はダメ、序列はダメという考え方はおかしい。次の世代を担う子どもたちの学力向上を目指すために、条例化はいいことだ」（『朝日新聞』二〇一二年一二月一四日）と前向きに評価し、競争と序列化を容認する発言をしている。いわば、教育の政治的中立性という原則は無視され、破られた格好であった。今後は、ますます「教育の機会均等」や「教育の政治的中立」といった原理・原則は無視されるのではなかろうか。

5　学力テスト政策の「第五期」(学校・教員評価)

「悉皆調査」に変わった理由

最後に、国・都道府県・市町村で繰り返し行われている学力テストを実施する本当の理由を考えてみたい。二〇一四（平成二六）年以前においては、全国学テも地方学テも「学力の実態把握」と「学力向上」を目的とするものであり、結果の公表に関しては過度な競争や序列を招くとして、自粛を求めるものであった。しかしながら、文科省は突如として方針転換を表明し、二〇一四年度から全国学テを使って「市区町村別成績」と「学校別成績」の公表を可能とする政策を打ち出す。こうした文科省の方針転換の「真のねらい」は、どこにあるのだろうか。学力テスト政策の「第五期」（最終期）では何が起こるのであろうか。

この点を確認するには、二〇〇〇（平成一二）年一二月に公表された教育課程審議会答申を確認する必要がある。同答申では、「全国的かつ総合的学力調査」を行うことが提案され、翌二〇〇一（平成一三）年度には「小中学校教育課程実施状況調査」（小：国・算・理・社、中：国・数・理・社・英）が実施された。一教科一問題冊子当たり、一六，〇〇〇人が調査対象となっている。この調査方法は「抽出調査」と呼ばれるものであり、前年度の学校基本調査に基づき、小・中学校の在籍児童生徒を持つ学校を設置者、所在地別に四層に分け、一人の児童生徒が選ばれる確率を等しくする方法により、無作為に「標本抽出」されたものである（国立教育政策研究所、二〇〇五、六頁）。一六，〇〇〇人を抽出する理由としては、以下のように述べられている（国立教育政策研究所、二〇〇五、六頁）。

およそ一六，〇〇〇人という標本規模は、無作為に標本を無限回抽出した場合、平均的に一〇〇回のうち

表 2-3　学力テストの調査方法（未回答の１都道府県、１市を除く）

	都道府県教育委員会	市教育委員会	町村教育委員会
悉皆	15（60.0%）	97（94.2%）	92（96.8%）
抽出	4（16.0%）	1（1.0%）	0（0%）
その他（希望・申し込みなど）	6（24.0%）	5（4.9%）	3（3.2%）
合計	25（100%）	103（100%）	95（100%）

九九回は、各問題の通過率±一ポイントの範囲に、母集団の真の通過率を含むと考えられる精度から計算される値である。通過率とその経年変化を知ることが最大の目的となる教育課程実施状況調査では、通過率の値が特に統計的な推定をしないままでも母集団の状況を示していると見なせることは、結果の解釈を格段に容易にする。

難しい専門的な話は脇に置くとしても、二〇〇七年以前の学力調査は「抽出調査」だったということである。しかしながら、二〇〇七年度以降には全ての学校・全ての児童を対象とする「悉皆調査」に変わっている。その理由は何だったのか。第１章でも指摘したように、全国学テは、全国の小中学校に在籍する児童生徒（約二二〇万人）を対象とする大規模調査である。民主党政権の二〇一〇（平成二二）年度は、サンプリング調査である「抽出調査」に変更されたものの、それ以外は、全員参加の「悉皆調査」を基本とする。「抽出調査」と「悉皆調査」以外には「希望・申込調査」という方法もある。

筆者が実施したアンケート調査と面接調査の結果では、地方自治体の学力テストは「悉皆調査」が最も多い。学力調査の実施方法は、「悉皆調査」「抽出調査」「希望・申込調査」の三パターンに区分できるのだが、筆者の調査結果では〈表２―３〉にも示したように、「悉皆調査」が最も多く、一五都道府県、九七市、九二町村となった。「その他」の回答内容は、「希望調査」「申し込み調査」「市内は抽出、その他は悉皆」「三年ごとに悉皆」などであり、これらも事実上の「悉皆調査」となるものである。一方、「抽出調査」

は四都道府県（十五・四％）、一市教委（一・〇％）に過ぎなかった[4]。特に、「抽出調査」を行う自治体の共通した理由は、金銭的・時間的・人的コストの削減であった。

目的は「学校評価」「教員評価」

学力テストは、経費の面では「抽出（標本）調査」の方が低コストである。また、結果分析の精度を上げることも可能である。第1章でも指摘したことではあるが、学問的には「悉皆（全数）調査」は「精度が低い」（盛山、二〇〇四、一一六頁）と指摘されている。

その理由は、あまりに大量のデータを短時間で処理しようとすると、誤答・誤記入、コーティング・ミス、入力ミス、計算ミスなどが大きくなりやすい、ためである。適度な規模の抽出（標本）調査のほうが、誤差を全体として小さくできる。本来の学力調査は、社会調査の専門家も指摘するように「抽出調査」が望ましい。また、国民の税金、学校・教員の時間・労力の削減の観点からも「抽出調査」を選択すべきである。

学問的に見て「抽出調査」が望ましいことは、政府・文科省、そして研究者も十分に認識しているはずである。では、なぜ、国も地方自治体も学力テストを「悉皆調査」として行うのか。そこには、何か「別な意図」「裏のねらい」でもあるのだろうか。その答えは、二〇〇五（平成一七）年一二月の内閣府規制改革・民間開放推進会議の『規制改革・民間開放の推進に関する第二次答申』にある。

この二〇〇五年の答申では、「学校に関する情報公開・評価の徹底（全国的な学力調査の実施を含む）」の項目の中で、「現在、全国的な学力到達度調査について検討が進められているが、教員評価など同調査を実効あるものとするためには、悉皆的に実施し、学校に関する情報公開の一環として学校ごとに結果を公表する」（規制改革・民間開放推進会議、二〇〇五、一三三―一三四頁）といった提言がなされている。

同じく、文科省の専門家検討会議でも「自治体レベル、学校レベルにおいて、学校評価における重要なデータの一つとして学力調査の結果を活用するということになれば、悉皆に近い規模が必要と考える」（文科省、二〇〇五）との意見も見られ、「学校評価」への利用も検討されていた。ここには「悉皆調査」を行う目的として、「教員評価」「学校評価」のデータに利用することがはっきりと提言されている。悉皆調査を行えば、都道府県・市区町村別、学校別の比較・ランキング化が可能となる。学校別のランキング化が可能となれば、学校の教員の評価を行うことも可能となる。なぜならば、A小学校の六年生の国語の担当教員が誰かを特定できるからである。

しかしながら、未だに「教員評価」は行われていない。その理由は定かではないが、政府・文科省も世間やマスコミからの反発を恐れているからである。いずれにせよ、「教員評価」「学校評価」は全国学テの実施前から検討されていたのである。そして、全国学テを「悉皆」か「抽出」で実施することに関しては、その後も議論は続いている。先にも述べたことではあるが、二〇一三年の「専門家会議（第八回）」でも毎年悉皆調査を行うことについては疑問の声があがっている。

　国レベルの学力調査、場合によっては都道府県、さらには市区町村というようなことで、年間で何度も、調査が実施されており、結果を生かす前に、調査に対応することで現場が疲弊をするという状況は、本来の趣旨からすると、違うのではないかと感じている。そういった意味で、もう少し、国、都道府県、市区町村のレベルでの学力調査の在り方ということを、大きく整理をしていく時期に来ているのではないかと思っている」（文科省、二〇一三）。

学力テスト実施の意図は、繰り返しになるが、最終的には「学校評価」と「教員評価」を目的とするものである。アメリカの場合は、学力テストの結果による「全ての教員のランキング化」「学区・学校への予算配分」「教員の昇進・解雇・給与査定」「教員の終身雇用の廃止と免許更新制」「高校卒業要件への導入」などが実施されている。日本においても、テスト結果が学区・学校に対する予算配分の基準、高校卒業要件になる可能性もないわけではない。

学力テスト政策は、こうして児童生徒の学力を上げるという表向きの理由を錦の御旗にして、学校・教員評価へと突き進んでいくことが予想される。学力テスト政策が危険なのは、国が掲げた「学力向上」という国家的目標の下で、その目的を全ての教育・学校現場で徹底しようとする点にある。そこでは何人の反論も、逸脱も許されない。テスト政策が普及・浸透すればするだけ、間違いなく教育現場から自由や多様性が失われ、学力テストの点数だけが重視されるようになる。

そして、「学力とは何か」「豊かな人間性・人格を形成する教育とは何か」などといった疑問をはさむ余地も無くなる。テストの点数を上げることが至上命題になるからである。今や、全国の学校現場でテストの点数を上げるための「補習授業」や「過去問を解く」事前対策が行われている。テストの点数が上がらなければ、学校・教師は非難され、「ダメ学校」「ダメ教師」というレッテル貼りがなされることになる。また、学力の低い子ども・学校への差別意識も生まれる。学力の低い子どもは、ますますやる気を失い、テストの結果が悪くなる。そして、テスト結果による学校間・地域間格差がさらに拡大する。学力テスト政策による「負のスパイラル現象」が起きつつある。

注

1 例えば、国の「ナショナル・ミニマム」の実現を地方自治体において具現化した事例としては、東京都の「指導基準（東京ミニマム）」、神奈川県箱根町の「箱根ミニマム」、東京都中野区の「中野ミニマム」、秋田県総合教育センターの「特別支援教育のミニマム・スタンダード」、神戸市の「神戸ミニマム」などが挙げられる。こうした各自治体の動きは、文部省の重大な政策転換に敏感に反応した結果でもあった。

2 確かに対象学年は拡大され、実施教科も異なるものとなっている。例えば、仙台市の二〇〇七年の学力テストは、小三が国・算、小四―六が国・算・理・社、中一が国・社・数・理、中二―三が国・社・数・理・英であった。二〇〇八年には小二も加わっている。

3 『朝日新聞』の記事をもとに、個別の事例を挙げておこう。

・二〇一四年に松江市（鳥取県）教委は、市内の小規模校を除く三二小学校、一六中学校の教科別「平均正答率」を公表した。これに対して、小中学校の校長、ＰＴＡ連合会などは「学校のレッテル貼りにつながる」として反対している。

・武雄市（佐賀県）は、二〇一二年度から小中学校が自ら「平均正答率」を公表していたが、二〇一四年度には市教委としても公表している。

・千代松泉佐野市長は、大阪府の学力調査における学校別成績を市のホームページ上で公開している。

・都道府県教委では、長野県や茨城県など六教委が「学校別」の公表を行っている。

4 筆者は、全国の自治体での中でも「抽出調査」を行う例外的な四教委を対象に、その意図を面接調査によって確認した。抽出調査を行う理由としては、例えば北海道Ｐ市の場合は、「一九〇万人規模の大都市であることもあり、抽出調査を用いることで、全体の傾向を捉えることができると考えている」（面接調査、二〇一四年七月三一日）。関東のＱ市は、「抽出校は毎年一〇校程度で、各学校をローテーションで実施している。よって、中学校は隔年で、小学校は六年程度で実施することになる。ただ中学校では、理科と社会が交互に実施されるので、どちらか必ず実施していることになる」（面接調査、二〇一四年五月一六日）との回答を得た。

参考文献

閣議決定（二〇〇五）『経済財政運営と構造改革に関する基本方針』（六月二一日）、一―二七頁

閣議決定（二〇〇九）「新成長戦略（基本方針）について」（一二月三〇日）一―二九頁
苅谷剛彦・志水宏吉編（二〇〇四）『学力の社会学―調査が示す学力の変化と学習の課題―』岩波書店
規制改革・民間開放推進会議（二〇〇五）「規制改革・民間開放の推進に関する第二次答申」一―一四七頁
北野秋男（二〇一五）「わが国の学力調査体制の実態と課題～学力調査の独自性・専門性を中心に～」日本大学教育学会『教育学雑誌』第五二号、一―一四頁
倉元直樹（二〇〇八）「テスト・スタンダードからみたわが国の全国学力調査の条件」荒井・倉元編著（二〇〇八）『全国学力調査：日米比較研究』金子書房、二〇四―二二八頁
国立教育政策研究所（二〇〇五）「平成一三年度小中学校教育課程実施状況調査：データ分析に関する報告書」教育課程研究センター、一―八四頁
佐貫　浩・世取山洋介編（二〇〇八）『新自由主義教育改革―その理論・実態と対抗軸―』大月書店
地方分権改革推進会議（二〇〇二）『事務・事業の在り方に関する意見―自主・自立の地域社会を目指して―』一―六三頁
中央教育審議会答申『新しい時代の義務教育を創造する』一―四四頁
中嶋哲彦（二〇〇八 a）「教育行政における国―地方関係の変化とその要因」佐貫　浩・世取山洋介編『新自由主義教育改革―その理論・実態と対抗軸―』大月書店、一七〇―一八一頁
中嶋哲彦（二〇〇八 b）「全国学力テストによる義務教育の国家統制―教育法的観点からの批判的検討―」日本教育学会『教育学研究』第七五巻第二号、一五七―一六八頁
盛山和夫（二〇〇四）『社会調査法入門』有斐閣
文部科学省（二〇〇六）「全国的な学力調査の具体的な実施方法等について（報告）」『全国的な学力調査の実施方法等に関する専門家検討会議』（平成一八年四月二五日）
文部科学省（二〇一三）「全国的な学力調査に関する専門家会議（第八回）議事要旨」（平成二五年三月四日）

第3章　学力テスト政策の歴史的構造

1　実現不可能な学力テスト政策

「世界一の学力」を目指して

毎年、くり返される学力テスト。同じような学力テストが「学力調査」という名の下に国・都道府県・市区町村でくり返され、同じような結果が報告される。しかも、全ての都道府県・市区町村で「全ての児童生徒の学力を上げる」という達成不可能なミッションが教育現場である学校・教員に課せられている。しかも、こうしたミッションがあるにもかかわらず、テスト結果は十分に活用・利用されないままであり、学力向上が実現されているわけでもない。今の日本の学力テスト政策は、「学力を上げる」という「政策的目標」が優先され、本来であれば学力問題の主役であるはずの児童生徒、学校・教員は脇役に追いやられ、「競争」と「詰め込み」教育の犠牲者となりつつある。

第2章でも述べたように、日本の学力テスト政策は多分に政治的意図から立案され、経済的な人的能力政策の一環として実施されたものである。そうした状態を生み出した原因は、二〇〇〇年頃からの「学力低下」批判であり、その犯人捜しを契機とするものであった。学力低下の犯人について、最も声を大にして叫んだ一人が二〇〇四年一一月に就任した中山成彬文科大臣であった。中山文科大臣は、『甦れ、日本！』（二〇〇四年一一月四日）と題する文書の中で、「学力向上〜世界のトップへ」を目標に掲げ、「競争意識の涵養」「全国学力テスト実施」を打ち出している。

この中山文科大臣の提言から三年後に、全国学テが実施されたのである。しかしながら、第1章でも指摘したように、全国学テは世界の学力テストの常識とは異なるものであり、改善すべき技術的な問題点も多い。また、結果の活用に関しても「どの地域の、どの層の、どの学校の学力が低下したのか」「学力低下の原因は何であり、どこに問題があるのか」などを明らかにして、具体的に改善の努力がなされているわけでもない。もはや、お金・時間・労力のムダとしか言いようがない。

現在の日本の学力テストは、文科省・都道府県・市区町村が個別に学力テストを実施し、組織的で一体的な学力向上政策も立案されていない。学力テストで地域や学校の学力を測定しておきながら、その対策や改善を再び地域や学校に押しつけるやり方が横行している。例えて言えば、病気でもない患者を医者が病院に呼びつけ、無理やり診察し、病気だと宣言しながら、病気の原因や治療法を特定しないままに、病気の治療は患者自身が行うように申し渡すようなものである。これでは患者は、何を、どう直していいかも分からず、途方に暮れる。もしも病気か否かを調べるなら、病気を特定するための検査方法をしっかりと確定し、原因を専門的に解明した上で、速やかに治療を開始すべきである。何を調べるのかさえも不明確な検査を、何度もくり返す愚かなことは止めて、目的・内容・方法を明確にする検査方法と治療方法を確立すべきである。

では、なぜ、日本の学力テスト政策は改善されないままなのか。どこに原因があるのだろうか。その原因は、すでに指摘したことではあるが、第一には、全国的な学力テストの実施は、全ての児童生徒・学校・教員を「競争」に駆り立て、テストの点数を上げるためである。つまりは、テスト結果（特にランキング）のみが重要となり、テストの目的・内容・方法を疑うことを回避するからである。

第二には、学力テストが悉皆調査の方法で実施されている理由は、学力の実態把握よりも、将来的には学校・教員評価も実施する意図が隠されているからである。もしも、学力テストが本当に「児童生徒の学力の実態把握」を目的とするのであれば、二―三％程度の抽出調査で十分である。今の学力テストは、目的と方法が乖離した状態にあると言える。

第三には、学力テストが国・自治体で「右にならへ」的に実施されている点も問題である。今の日本の学力テスト政策は、一種の感染病に近い形で、地方自治体に蔓延・普及している。この現象は、自治体独自の学力テストであっても、その独自性は薄く、標準化された学力テストが全国で繰り返されているにすぎない。

いわば、国家を挙げての「学力向上」という政治的目標に向かって、地域・学校・教員・保護者も一体となって取り組む「総力戦体制」といった様相である。筆者は、「日本の学力向上政策は間違いだ」、と指摘しているわけではない。間違っているのは、その内容と方法である。学力テストの本当の意図は、学力向上を目標に掲げながら、「学力テスト体制」を構築することである。「お上」（国・文科省）の号令を、「下々」（地方教育委員会・学校・教師）が受け取り、その号令を組織の末端まで貫徹するための体制づくりが粛々と実施されているわけだ。

本書では、こうした学力テスト体制の実施状況を、「思考停止」状態に近いものと考えている。「思考停止」とは、ドイツ出身のユダヤ人思想家であるハンナ・アーレント（Hannah Arendt, 1906～1975）が用いた「思考不能」を援用したものであり、意味内容に差はない。アーレントは、かつて中東イェルサレムで行われたユダヤ人六〇〇万人の大量虐殺を裁いたアイヒマン裁判の内容を『イェルサレムのアイヒマン』（一九六三）として刊行している。同書は、世界的な反響をもたらした書物である[1]。

アイヒマンは、第二次大戦中にユダヤ人を大量虐殺した張本人として裁かれるが、アイヒマン自身は事の善悪は全く理解しておらず、ヒットラーが支配するドイツ帝国の一人の官僚として「上からの命令」に忠実に従っただけの人物として評価される。アーレントは、こうしたアイヒマンの行動を「思考不能」状態に陥っていたとし、アイヒマンが「悪の凡庸さ」に支配されていたと見なすのである。

このアーレントの指摘した「思考不能」状態が、わが国の学力テスト政策の状況に近いとすることは、むろん単なる推測にすぎないものであり、実証したわけではない。実証したわけではないが、今の日本の学力テスト政策も、国の「学力向上」という政策に多くの自治体が忠実に従っているだけでの状態であり、学力テスト体制の危険性を暗示する言葉として用いたものである。

石原都知事の大号令

ただし、日本の学力テスト体制の全てが「思考停止」状態にあるわけではない。学力テスト実施の意図を明確に表明した首長も存在する。そこには、自治体、もしくは首長の独自の論理や理由も見出される。こうした地方自治体の中で、最も影響力が強かった東京都のケースを見てみたい。東京都の事例は、前章でも紹介した大田原市や仙台市のような「基礎学力の回復・向上」とは異なるものであり、明確に学力テストによる「競争」と「詰

表3-1　東京都の学力テスト2006年の結果

小学校（400点満点）		中学校（500点点満点）	
（1－12位）	（13－23位）	（1－12位）	（13－23位）
1 渋谷区 326.3	13 練馬区 304.5	1 千代田区 382.0	13 北区 353.8
2 千代田区 323.1	14 中野区 304.4	2 目黒区 381.0	14 台東区 352.2
3 杉並区 318.4	15 墨田区 303.5	3 文京区 375.4	15 豊島区 350.7
4 目黒区 318.2	16 北区 302.8	4 世田谷区 375.4	16 江東区 350.6
5 文京区 317.9	17 荒川区 302.7	5 杉並区 373.7	17 墨田区 350.3
6 中央区 316.9	18 葛飾区 301.7	6 新宿区 373.6	18 板橋区 348.7
7 世田谷区 315.3	19 江戸川区 301.5	7 渋谷区 366.6	19 荒川区 347.6
8 港区 314.3	20 江東区 301.1	8 練馬区 362.9	20 大田区 345.1
9 台東区 312.3	21 足立区 300.8	9 品川区 361.1	21 葛飾区 342.9
10 豊島区 310.9	22 板橋区 300.7	10 中央区 358.5	22 足立区 340.5
11 中野区 356.2	23 大田区 298.7	11 新宿区 310.5	23 江戸川区 340.4
12 品川区 307.3		12 港区 354.0	

小学生は「国語・算数・社会・理科」の4教科、中学生は「国語・数学・英語・社会・理科」の5教科である。

め込み教育」を意図したものであった。

当時の東京都は、一九九九年から石原慎太郎都知事が就任し、「都立高校の統廃合・再編」「学校経営・管理および教員人事管理政策」「都立大学の改革」「心の教育革命」（国歌斉唱と国旗掲揚）などの一連の教育改革に着手していた。石原都知事は、東京都における教育改革を推し進めながら、二〇〇四年に「競争」と「詰め込み教育」を意図した学力テストの実施を明言している。都学力テストの実施には石原都知事の意向が強く働き、知事主導型の典型的事例となったものである[2]。第一回都学力テストの結果は、二〇〇四年六月一〇日に二三区と二六市別に教科別の平均正答率が公表（ただし、町村部は学校数や生徒数が少なく公表されていない）されただけでなく、学校別の結果公表に関しても区・市町村教委の判断に委ねる、とされた。次の〈**表3—1**〉は、二〇〇六年度の東京都学力テストの結果である（『毎日新聞』二〇〇六年六月一五日）。

こうした公表に対して、都中学校長会は同日に「安易な序列化を招く恐れがある」（『毎日新聞』二〇〇四年六月一〇日）との文書を都教委に提出し、再考を促している。また、大山とも子都議は二〇〇六（平成一八）年六月一三日の都議会第二回定例会において、「一斉学力テストの実施と公表が子どもたちをいかに傷つけているかは明らかであり、学力向上にも結びついていない」（東京都議会、第二回定例会、二〇〇六年六月一三日）と指摘している。

しかしながら、石原都知事の答弁はっきりしている。石原都知事の念頭にあるのは、戦後日本の悪しき平等主義教育の打破であり、競争という試練に基づく徹底した詰め込み教育であった。その結果を都学力テストで測り、子ども・学校・市区町村を競争に追い立てることであった。

小中学校における教育は詰め込みでなきゃだめだと思います。徹底して詰め込まなきゃだめです。……戦後日本の教育は、行き過ぎた平等主義による画一的な教育が、子どもたちのさまざまな成長の可能性の芽を摘んできたと思います。個性、能力を重視し、それぞれが持つ可能性を存分に発揮させるような教育こそ大切であると思います。学校では互いに切磋琢磨し、競争しながら成長していくための、そういう試練が必要であると思います。

石原都知事の意向を受けた都教委は、正答率の低い市区町村教委に指導主事を重点的に派遣するなどして、学力向上という到達目標を達成させようとしているが、そこには都教委の市区町村教委への管理・統制も意図されていた。石原都知事の意向に逆らう者は誰もいない。

2　東京都特別区における学力テスト政策

荒川・足立・品川の実情

実は、東京都では都学力テストが実施されているだけではない。都内二三区でも、多くの区が二〇〇三年以降に学力テストを実施している。二三区内の学力テストの実施状況は、その開始年と委託されたテスト業者を挙げれば、〈表3―2〉右のようになる。カッコ内は学力テストの採用年度である。

また、二〇一二年の段階で、一八区が区独自の学力テストを行っているが、少なくとも一〇区（品川・足立・荒川・練馬・千代田・中央・墨田・杉並・葛飾・大田）が学校ごとにテスト結果を公表している。

例えば、荒川区は東京都内では最も早くに、区独自の学力テストの実施を決定するが、同区の素早い決定は

表3-2　東京23区の学力テストの実施年と委託されたテスト業者

荒　川（2003）	ベネッセ
品　川（03）	
千代田（03）	
中　野（04）	
豊　島（04）	
墨　田（04）	
葛　飾（05）	
目黒区（07）	
練　馬（03・04）	東京書籍
足　立（04）	
中　央（04）	
文　京（04）	
北　　（04）	
台　東（08）	
大　田（08）	
港　　（04）	図書文化社
杉　並（04）	新学社
世田谷（2012）	教育委員会独自

二〇〇三（平成一五）年の品川区学力テスト、及び翌二〇〇四年の都学力テストに先行することが優先されたものであった（山本、二〇〇四）。まさに、学力テスト実施「一番乗り」を目指したものであった。また、荒川区の学力テストは、学校ごとにテスト結果が区のホームページに「学習到達度調査―学校別の結果」として公表された。小学校は、国語・算数など四科目について「基礎」「応用」ごとの「達成率」が学校別に掲載され、中学校は数学・英語など五科目が公表された。また、各学校のホームページには「学力向上のための取り組み」も掲載され、「平均をクリアした」「早急な補充が必要」など、その対策が明示された。保護者は、こうした結果を学校選択の際に参考にしている。

結局、荒川区では区の学力テストが学校選択制度とリンクしていること、テスト問題が未公開であること、解答用紙も生徒には返却されていないなど、その目的は「学力向上」や「学力回復」というよりも、各学校のランキング化であったと思われる。荒川区の学力テストは、「すべての学校の成績一覧が公表されるのは全国でも初めて」（『朝日新聞』二〇〇三年六月六日）となるケースであった。

品川区の場合は、一九九九（平成一一）年六月に高橋久二区長が任命した教育長の若月秀夫の下、二〇〇三年四月に「学力定着度調査」が児童・生徒の学習状況の把握と改善を目的として導入された。しかしながら、若月教育長が公言する学力定着度調査の「ねらい」は、「実は教員の指導力調査」であり、「改善せざるを得ない仕組みを学校の中に作り出すこと」（若月、二〇〇八、四〇頁）であった。また、若月教育長が明言する学力テスト実施の理由は、「とにかく小学校の授業はなまぬるい。掛け算はおろか、三桁足す三桁の繰り上がりのある計算ができない。こういうことがどんどん起きている。……そこで、現状を把握する。その次に嫌でも小学校が改善せざるを得ないような状況を残念ながら作らざるをえないであろう」（小川、二〇〇九、一七八頁）であった。つまりは、石原都知事と同じように、「競争」と「詰め込み」による学力向上策であった。品川区のテスト結果も学校ごとに公表され、学校選択制とリンクする。

足立区の場合は、二〇〇五（平成一七）年から区教委の「教育改革推進課」を「学力向上推進室」と名称変更し、テスト結果に応じた指導の改善報告を各学校に求めている（『毎日新聞』二〇〇六年七月一七日）。また、二〇〇四年度から実施している区独自の学力テストに基づいて、区内一〇九校の学校ごとの平均点を区のホームページで公開している。さらには、テスト結果に応じて予算の配分にも差を付けることも公表された。

足立区教育委員会は、二〇〇七年度の区立小中学校に配分する予算を、東京都（小五と中二）と足立区（小二以上）が実施する学力テストの成績に応じて、区内の各学校（小学校七二校、中学校三七校）の予算枠に差を付け、学校間競争を促すことを公表した。各学校を4段階（A、B、C、D）にランク付けし、最上位は五〇〇万円（中学校）～四〇〇万円（小学校）、最下位は二〇〇万円が配分される。最上位のAは全体の一割、Bは二割、Cは三割、最下位のDが四割である（『朝日新聞』二〇〇六年一一月四日）。

こうした足立区のテスト対策は、学力テストの結果に基づいて、成績の上がった学校には一種の特別ボーナスを配分する日本初の報奨制度である。足立区の内藤博通教育長は、「頑張った学校に報い、校長と教員の意欲を高めることが、区全体の基礎学力の向上につながる」（『朝日新聞』二〇〇六年一一月四日）としている。文科省も「学力テストの結果を予算に反映する例は聞いたことがない」とコメントしたほどである。さすがに、この足立区のプランは、すぐに批判の嵐に晒され、撤回を余儀なくされる。とはいえ、学力テストの結果による報償制度は全国の自治体の「やってみたい政策」の一つではなかろうか[3]。

注目すべきは世田谷区

東京都、ならびに荒川・品川・足立区の学力テスト実施の共通点は、「詰め込み教育」とランキング化による「競争」であり、学校や教員の「評価」であった。そこには、テスト結果に基づく「報償」と「罰」という考え方も見え隠れする。さらには、いずれの特別区も区長・教育長によるトップ・ダウンによる学力テストの導入であり、かつテスト結果を学校間競争と学校の選択制に利用するものであった。こうした事例は、地方分権化政策下における首長と教育長の権限強化の現れであり、学力テストを用いた「目標管理」「評価システムの導入」「結果の検証」「責任の追及」という、一連のサイクルを具現化するものである。

こうした荒川・品川・足立区とは異なるスタンスで学力テストを実施した区が、世田谷区である。世田谷区は、二〇〇〇年代は学力テストと学校選択制には反対するスタンスを取っていた。学校選択制度は今も実施されていない。一方、学力テストは質の高い義務教育を提供する「世田谷九年教育」を掲げ、その一環として二〇一二（平成二四）年度から、区独自の学力テスト「学習習得確認調査」を小学校五年生から中学校三年生を対象に実施している。同調査の目的は、「一人ひとりの子どもが基礎的基本的な学習内容をしっかり身につけているかを確認」して、教員が学習指導に活かし、授業の改善を行うものであった。問題作成はテスト業者に「丸投げ」されることなく、教師を中心とした特別委員会で作成されている。

また、テスト結果は教師を中心に自前で分析・評価され、全教員が参加する「合同学習確認会議」などで指導や授業改善にも活用された（世田谷区教育委員会、二〇一〇「「世田谷九年教育」の推進に向けた基本的な方針」より）。

いわば、世田谷区の事例は教育活動の成果・検証を、学力テストを用いて個別の生徒・学校の学力実態を把握し、日常的な教育活動の改善に還元することを意図したものであった。教師による問題作成と結果分析、そして全教員が参加する研修会での活用などは、他の自治体では見られないものである。世田谷区の事例は他の自治体の参考となるものであろう。

3　学力テスト政策の全国的動向

橋下府知事の教育改革

次に、全国学テ実施後の自治体の動きとして物議を醸した大阪府の学力テスト実施状況も確認しておこう。二〇〇八（平成二〇）年一月の大阪府知事選に自民党と公明党の支援を受けて立候補した橋下徹候補は、対立候補に八〇万票以上の大差を付けて当選する。橋下知事は、競争原理や自己責任などを求める新自由主義的な思想を持つ反面、障害者や母子家庭などには手厚い支援をおこなう政策も実施している。しかし、教育問題には手厳しい。

当時の大阪府は、二〇〇七年と二〇〇八年に二年連続で、全国学テの結果が全国平均を大きく下回り、下位に低迷した。特に、二〇〇八年度は小学校四一位、中学校四五位であったから、知事に就任した橋下は、激怒する。各種新聞でも報じられたように、橋下知事は二〇〇八年八月に、「このざまはなんだ」「府教委は最悪だ。二年連続でこんなざまなら民間では減給は当たり前だ」と府教委や学校現場を批判した。そこで、橋下知事は学力向上を最優先課題として、同年九月には「教育非常事態宣言」を発令し、教育改革に乗り出す。橋下知事は、府教委に対して、全国学テの結果における市町村別正答率の公表を求め、慎重な市町村に対しては、「できが悪いから公表できない」「教員が逃げているだけ」とし、「〇九年度から（テスト結果の）開示・非開示によって、予算をつけるかどうか決めさせてもらう」、と予算配分の根拠にすることも述べている。足立区と同じテスト結果による「報償」と「罰」という考え方である。橋下知事が任命した中西正人府教育長は、二〇〇九年五月に「二〇一〇年の全国学力調査で（平均正答率で）全国平均をめざす」（朝日新聞「asahi.com」二〇〇九年六月八日）と到達目標を掲げている。

そして、橋下知事は二〇一〇（平成二二）年六月五日に、自らの大阪改革を「『大阪維新』プログラム（案）」と名付け、公表している。「財政再建（財政再建プログラム案）」、「政策創造「重点政策」（案）」、「府庁改革」の三つがミッションとして掲げられた。とりわけ、「政策創造「重点政策」（案）」の中では「大阪の未来をつくる～未来を担う世代に集中投資～」が掲げられ、子育てと教育において、「大阪は日本一」と言われるような施策を重点的に推進することが宣言された。それが「子育て支援日本一」であり、「教育日本一（公立教育の充実・強化）」宣言であった。

要するに、橋下知事が進める教育改革は、全国学テで最下位に近い大阪の地位と名誉を挽回しようとするものであったが、そのためには手段を選ばないというやり方である。テスト結果で学力の上がらない「ダメ教員」を排除し、テスト結果と学校選択をリンクさせて、「ダメ学校」を統廃合する新自由主義的な教育政策である。これでは、大阪の公教育自体を縮小・解体することにもなりかねない。現在、大阪府は二〇一五年から、中三の全国学テの学校別成績を公立高校入試の内申点基準に反映させる政策も打ち出している。この「ねらい」は、学校によって生徒の内申点に有利不利が生じることを防ぐことを意図したものだが、学力の実態把握という全国学テの趣旨から逸脱するだけではなく、テスト結果が進学の際の選別手段としても利用されるということだ。

教育改革に熱心であった橋下知事は、その後は大阪市長に転身し、二〇一五年一二月には突然政界を引退する。「大阪都構想」も急激な改革として有名となったが、自治体の首長のトップ・ダウン的な強引な改革は、突然の引退によって中断され、教育委員会や学校現場を混乱に陥れたのである。教育とは、すぐには成果や結果が出ることがない地道な取り組みである。道半ばで責任を放棄するのは政治家の自由だが、残された学校や教師に対する責任は誰が取るのであろうか。

教育や学校を改革することは必要ではあるが、橋下知事は教育現場の声にまずは耳を傾け、地道な取り組みを行うべきではなかったか。橋下知事のように、学力テストを使って「ダメ教員」や「ダメ学校」を排除するやり方は、教育の結果や成果をテストの点数で一元的に評価するやり方である。テストの点数で評価するやり方は、教育政策や学校現場に大きな混乱をもたらすだけである。

ランキング化される都道府県

全国学テにおいても、マスコミや世間の人々が注目したのは、テスト結果の平均正答率や設定通過率、ないしは各教科の学力的な課題でもない。都道府県別のランキングであり、「どこの県が何位なのか」であった。マスコミが発表するランキングは、まさに国民的関心に応えたものである。次の〈表3―3〉〈表3―4〉は、二〇〇七年度の一回目の全国学テの順位（平均正答率の合計）の上位五県と下位五県のランキングである。〈表3―3〉〈表3―4〉を見比べれば、一位の秋田と最下位の沖縄では、平均正答率のポイント差は小学校で五一・八点、中学校で六二・一点の開きがある。「秋田は学力が高い」が、「沖縄は学力が低い」という結果だけが一人歩きを

表 3-3　2007 年度の小学校と中学校の都道府県ランキング（上位 5 県）

順位	都道府県	国語計	算数計	小学生計	国語計	数学計	中学生計	総　計
1 位	秋田県	155.1	157.0	312.1	162.4	142.8	305.2	617.3
2 位	福井県	152.0	154.7	306.7	161.9	147.9	309.8	616.5
3 位	富山県	149.9	152.2	302.1	162.7	143.1	305.8	607.9
4 位	香川県	151.9	152.4	304.3	156.7	139.0	295.7	600.0
5 位	石川県	147.3	148.5	295.8	159.8	141.4	301.2	597.0

（注）この数字は素点ではない。平均正答率を比べたものである。

表 3-4　2007 年度の小学校と中学校の都道府県ランキング（下位 5 県）

43 位	和歌山県	140.1	145.5	285.6	147.3	131.0	278.3	563.9
44 位	北海道	137.4	135.4	272.8	150.5	126.2	276.7	549.5
45 位	大阪府	137.4	141.2	278.6	144.2	124.7	268.9	547.5
46 位	高知県	141.7	142.3	284.0	142.1	113.4	255.5	539.5
47 位	沖縄県	129.7	130.6	260.3	138.3	104.8	243.1	503.4

（注）この数字は素点ではない。平均正答率を比べたものである。

するようになる。二〇〇七年の第一回全国学テの結果公表後、各都道府県におけるテスト対策は、自らの県の順位にこだわり、これを何とか上げようとするものに変貌していく。

学力一位となった秋田県は、もともと全国学テ実施以前から教育委員会・学校・家庭など、県を挙げて学力向上に取り組んでいた。秋田県は、「県独自の学習状況調査の実施」「少人数学級（授業）」「教育専門監（教科指導に卓越した教師）の配置」「小中連携」「博士号取得者の採用」など様々な施策を展開していた。とりわけ、二〇〇二年からは毎年小四から中三まで学習状況調査が実施され、「表には出てこないが、学校ごとの順位、平均との差等を示して、各教育事務所、市町村教委、学校に対する強力な指導が行われてきており、全国学力テストにつながる体制が事前につくられていた」のであり、「全国学力テストの二週間前程度前からは過去問を本番と同じ条件で解かせ、間違えたところを直し、学習させることがくり返されている」（佐藤二〇一〇、一〇八・一一〇頁）と指摘されている。まさに県をあげての徹底した事前対策の実施であった。

沖縄の悲願

一方、沖縄県は全国学テにおいて最下位脱出を悲願とした。沖縄県の複数教員が「新学期が始まっても、学テまでは過去問対策に明け暮れる」（『東京新聞』二〇一五年八月二六日）と述べているように、学力テストの事前対策や補習授業が繰り返されていたのである。地元新聞の『沖縄タイムス』は、「学テ対策」という七回シリーズを掲載し、沖縄県内の全国学テ対策の実態を報じた。例えば、沖縄本島にある小学校では、新年度が始まっても四月二一日に実施される全国学テの事前対策が行われ、子どもから「先生、もう限界」「普通の時間割がいい」という悲鳴にも近い不満の声が上がっていた。三〇代の担任教師も不満を感じるものの、校長・教頭の「学力向上」

「結果が問われる」という強い意向には逆らえない。しかも、学校は県教委の「激励訪問」も受け、「取組が弱い」「行事に力を入れすぎていないか」（『沖縄タイムス』二〇一五年四月二〇日）とも指摘され、運動会と学習発表会の練習時間の大幅削減を余儀なくされている。

学力上位県であっても下位県であっても、学力テスト対策は五十歩百歩であり、目先の結果にこだわる対処療法的な政策は同じである。二〇一四年度の全国学テの結果は、上位県に大きな変動はないが、下位県は大きく入れ替わる。小学校では四三位以下が愛知、北海道、和歌山、滋賀となり最下位は三重となる。中学は四二位に和歌山、岡山が並び、四四位以下が佐賀、大阪、高知、沖縄となる。少なくとも沖縄は、小学校では最下位を脱する。沖縄が最下位を脱出しても、三重が代わって最下位になっただけのことである。テスト結果の順位争いは、むなしく、悲しい争いであると言わざるを得ない。

確かに、沖縄や大阪などの学力下位県の学力は、秋田や福井などの学力上位県と比べれば、大きな差がある。であれば、沖縄や大阪にこそ重点的に人と予算を配分して、学力格差を是正する政策を取るべきであろう。しかしながら、そのような教育政策は行われず、沖縄県の自己責任で学力回復が求められている。今や、沖縄県だけでなく下位に低迷する県は汚名を返上しようと必死である。テストの点数は上がるだろう。だが、これでは「学力が上がった」と言えようか。

二〇〇七年に全国学テが開始された前後には、賛成と反対の意見がメディアでも紹介された。例えば、全国学テを推進した専門家検討会議座長（兵庫教育大学学長）の梶田叡一は、全国学テによる「データ収集」が「不可欠」であると主張した（『朝日新聞』二〇〇六年四月二〇日）。しかしながら、多くの地方新聞は全国学テには批判的であり、その批判を社説で紹介している。『山陰中央新報』の社説は、無責任なテスト政策のあり方を、次のように批判している。

「全国的な状況との関係において自らの教育の結果を把握し、改善を図る」という触れ込みは序列を知り、順位を上げる努力をしろということに等しい。順位がひとり歩きすれば、競争に勝つことが自己目的化する恐れがある。結果公表についても文科省は「個々の学校名を明らかにした公表はしない」とし、序列化や過度な競争につながらないよう配慮を求めてはいるが、一方で「市町村教委・学校は、結果を保護者に説明することができる」としている。リスクの種をまいておきながら「後は知らない」と言っているようなものだ（『山陰中央新報』二〇〇七年四月二五日）。

4　学力テスト政策の歴史的構造

戦後の「ナショナル・テスト」の歴史

学力テスト政策の全国的動向から明白なことは、各自治体で「学力を上げる、順位を上げる」という、なりふり構わない政策が取られていたことである。こうした各自治体における学力向上政策は、もともとは各自治体の自発的・自主的なものであったが、二〇〇二年の「ローカル・オプティマム」政策が公表された後は半強制的なものに変貌し、二〇〇三年の「ＰＩＳＡショック」以降は多くの自治体で地方学テが実施されるようになった。

しかしながら、日本の学力テスト政策は今に始まったものではなく、戦後から継続されたものであり、いわば歴史的構造を持つものであった。そこで、先行研究である荒井（二〇〇八）の研究を援用して、戦後から現在までの「ナショナル・テスト」の実施段階を歴史的に見てみたい。

荒井（二〇〇八、七―八頁）は、わが国の全国的な学力テスト体制を時期区分し、「第一期」を国立教育政策研究所（現国立教育政策研究所）の「全国小・中学校児童生徒学力水準調査」などが実施された昭和二三～二九年、「第二期」を文部省（現文部科学省）のいわゆる「学テ」が実施されていた昭和三一～四一年、「第三期」を「教育課程実施状況に関する総合的調査研究」が行われた昭和五六～平成一七年としている。「第四期」は、平成一九年からの全国学テの実施以降であり、東日本大震災が発生した平成二三年に一度中止されているものの、平成二四年には再開されている。さらには、二〇〇八（平成二〇）年度の小中学校の学習指導要領改訂を受けて、小学校では二〇一一（平成二三）年度に、中学校では翌年に本格実施がスタートしたが、昭和五八年度から開始されていた「教育課程実施状況調査」が大幅に制度変更され、初回の「学習指導要領実施状況調査」が二〇一三年二月から三月にかけて実施されている。

国研の安野（二〇一三）も「戦後日本における全国規模テスト」と題して、戦後の「適性検査」「能研テスト」「全国学力調査」「教育課程実施状況調査」「全国学力・学習状況調査」「学習指導要領実施状況調査」「大学入試共通試験」などの実施状況や各教科の結果状況を歴史的に段階を追って分析している。

荒井や安野の研究を参考にすれば、わが国の戦後直後の学力調査は「新教育による学力低下批判」を背景としつつ、学力と教育条件（とりわけ都市部と郡部の学力比較といった都鄙間比較）に関する全国調査が実施され、いわば「学力と教育条件」が問題となっている。ところが、第二期（昭和三一～四一年）の学テは全国的な規模で学力調査を実施するものであり、教育目標に対する到達度を明らかにして「学習指導要領その他教育条件の整備・改善に寄与」（文部省調査局調査課、一九五七、序文）しようとする学問的な意図も見えるが、その内実は、「高校入試選抜制度の改善」と「人材の能力開発と選抜・配分を意図」する側面も備え持っていた[4]。

とりわけ、前者は一九六〇年代以降の高校進学率急上昇に対応するものであり、後者は閣議決定された「国民所得倍増計画」(一九六〇年)とその後の経済審議会答申「経済発展における人的能力開発の課題と対策」(一九六三年)によるハイタレント・マンパワーという名の人的能力開発に対応するものである。「学力と能力」の開発が問題となったものである。

その後は、第三期(昭和五六〜平成一七年)の「ゆとり教育批判」、による「学力とゆとり」の関係性が問われ、第四期(平成一九年〜現在)では「国家的モニタリング制度の確立」が目標とされたことは前章でも指摘した通りである。第一期と第三期においては、学力テスト自体が学問的な視点からの専門的調査であったものの、第二期の学テ、ならびに第四期の全国学テの実施においては、学力テストによる専門的・学問的な調査研究という視点よりも、学力テストの結果による都道府県別のランキング化が大きな関心を集めた。いわば「学力の結果」が問われたと言ってよい。

特に、第四期の全国学テ実施の背景には、「教育アカウンタビリティ」に対する国家・政府側の目標管理と結果責任に対する政治的要請と国民の側の結果責任に対する関心の高まりを指摘できる。

戦後の「ローカル・テスト」の歴史的構造

「ナショナル・テスト」の歴史的変遷と同じように、戦後から今日までの「ローカル・テスト」の歴史的推移も確認しておこう。この地方自治体が独自に実施する学力テストを歴史的に時期区分した先行研究は存在しない。本書の独自性を強調したい。

「第一期」（戦後から昭和二〇年代）は、「地方学テの起源と多様な取り組み」の時代であり、昭和二〇年代には多くの都道府県教育委員会、ないしは教育研究所で独自の学力テストが開始されている。学力テスト導入が比較的早いと思われる都道府県の事例を挙げれば、昭和二五年に福井県が各教科の知識・理解を測定する目的で、「福井県標準学力検査」を小中学校の全学年を対象に、小学校で四教科、中学校で五教科を実施している。

同じく、北海道でも学力の男女差などを調査する目的で「小・中學校卒業生に對する學力調査」を小学校六年生、中学校三年生に対して国語・算数（数学）の二教科を実施している。また、東京都は翌年の昭和二六年に戦後の新教育による学力低下批判の検証を目的として実施している。戦後直後の地方学テの特徴は、アメリカから導入された新教育による「学力低下」を問題視するものであり、学力低下の実態調査や教育の諸条件と学力の関係を調査する研究色の濃いものであった。

「第二期」（昭和三〇年代）は「地方学テ推進派と学テ反対派の二極化」の時代であり、そもそも国の学テを推進する県と反対する県に二分されるが、同じ傾向は地方学テにも見られる傾向である。第二期の地方学テは、第一期でも見られた学力の「実態把握」と「学力向上」という目的を継承しているが、その内実は大きく異なったものとなる。昭和三〇年代後半には学テの結果をもとに各県では「学力向上」を最重要目標に掲げ、学力向上対策に正面から取り組む都道府県が多い。

一九六〇年代は、全国で高校進学率・大学進学率の上昇といった学力・学歴獲得競争が激化し、受験地獄という時代を迎えることになる。とりわけ、東北・九州各県は学テの結果から全国的にも「学力が低い県」と位置付けられ、東北・九州各県ともに独自の学力向上対策を打ち出している。青森県の場合は「昭和三八年から展開された学力向上運動はきわめて強力なもの」であったとされ、「学力向上は本県に課せられた最大の命題である」（青森県教育史編集員会、一九七四、九七六頁）と位置付けられる。

「第三期」（昭和四〇年代〜六〇年代）は「地方学テの空白期」であり、一部の例外を除いて都道府県独自の地方学テはほとんど実施されていない。「第四期」（平成元〜平成一四年）は「地方学力テの復活期」であり、秋田県は平成一四年に「秋田県学習状況調査」（小四：国算理、五・六：国算理社、中一・二：国数理社英）によって「受験者の学力調査・学校全体の学力向上・個別教員の授業改善・少人数学習推進事業の施策評価」などを実施している。石川県も同年に「石川県基礎学力調査」（小四：国算、六：理社、中三：理社英）で「受験者の学力調査・学校全体の学力向上」などを目的としている。秋田県や石川県のように、一部の都道府県において地方学テが復活した理由は、一九九八（平成一〇）年から実施された「ゆとり教育」に対する学力低下批判が挙げられる。

「第五期」（平成一五年〜現在）は、「地方学テの普及・浸透期」の時代であり、主に本書が取り上げた時期と重複する。都道府県・市区町村の多くの自治体で二〇〇三年以降に学力テストが開始された理由は、「ナショナル・ミニマム」政策から「ローカル・オプティマム」政策への軌道修正がなされ、同時に地方自治体独自の学力調査を行うことが求められたからに他ならない。また、二〇〇三（平成一五）年の「ＰＩＳＡショック」も大きな影響があったことはすでに指摘した通りである。繰り返しになるが、現状の学力テスト体制は国と地方自治体による重層的な構造を構築するものであり、学力テスト体制の普及・浸透が達成された時期であった。

5　学力テストと能力社会

グローバル社会における学力

すでに第2章でも述べた様に、二〇〇九年一二月三〇日「「新成長戦略（基本方針）」について」（閣議決定）では、「国際学力調査において、日本が世界のトップレベル」の地位を回復する目標が掲げられた。その理由は、グローバル化された国際経済体制下における経済の国際競争力を強化するためであった。国際競争力を高めるには、なんといっても人材の育成・労働力強化、そして合理的な経営管理が必要であった。それは、新自由主義という新たな経済体制の構築を意味した。そして、そうした経済体制の構築は財界の長年の悲願でもあった。

日本において、アメリカ流の「新自由主義」的な色合いが鮮明となるのは、一九九五（平成七）年の日本経営者団体連盟『新時代の日本的経営』であった（山本、二〇〇九、一五頁）。同報告は、一言で言えば「日本的経営」見直しのガイドラインを示したものである。日経連は、労働者を「長期蓄積能力活用型グループ」（正規のエリート社員）、「高度専門能力活用型グループ」（契約社員）、「雇用柔軟型グループ」（パートタイマーや派遣労働者）の三つに区分し、「長期蓄積能力型グループ」となる中核正社員以外は、全て「有期雇用契約」「昇給無し」「退職金・企業年金なし」とすることを提言している。

言い換えれば、企業が描く新自由主義的な経済社会の中で、有能な人間は正規雇用として採用し、そうでない人間は、いつでも「切り捨て」「使い捨て」ができるように区分することであった。日経連の提案は、労働者を階層的に区分しながら、労働力の「流動化」「弾力的活用」を促し、「総人件費の削減」「低コスト化」を目指すものであった。なぜ、人件費の削減、抑制が目標として掲げられたのか。それは、グローバル経済の進展の中で日本企業の生き残り戦略が至上命題となったからである。この後、企業のリストラ、派遣労働者の拡大がなされ、まさに日本の「格差社会」「ワーキングプア」を生み出す要因となるものであった。

日経連の新自由主義的経済路線への指向は、一九九七年一月九日の経済同友会『市場主義宣言―二一世紀へのアクション・プログラム―』によって決定的なものとなった。経済同友会が日本経済を完全に市場化する理由は、次の様なものであった。

国際化、情報化、経済の自由化、価値観の多様化の流れの中では、もはや市場機能を通じて発揮される先見性によらずしては、誰も先を見通すことはできない。将来の経済の姿は、市場における自由な競い合いと消費者の選択の中から形作られるものである。この方向は我が国にとっては新たな挑戦であっても、すでに世界の潮流として定着しており、多くの成果をあげている。

「市場における自由な競争」を「世界の潮流」と位置づけ、経済政策を教育政策にそのまま適用することが指向されたのである。教育改革は、こうした経済界の中核団体が鮮明にした新自由主義的経済路線の一環として位置づけられたものであった。一九九五（平成七）年三月には、政府の行政改革推進本部に「規制緩和委員会」が設置され、この中で「学校選択制度」「教育バウチャー制」「児童生徒や保護者による学校や教員の評価制度の導入」が提言されている。日本における新自由主義的教育改革路線は、経済界からの強い要望に応え、それを具現化したものであった。

かりに百歩譲って、経済政策が新自由主義的なものになるとしても、どうして児童生徒まで巻き込む必要があるのか。大人の世界では競争・選別が当然であっても、それを子どもの世界にまで適用する必要はあるのだろうか。私たち大人は、子どもや家庭を守るために生きているのではなかろうか。子どもは自由で伸びのびと育て、道草や失敗も経験するような生活をさせたいものである。

しかしながら、教育改革路線の最終局面として導入されたテスト政策は、児童生徒だけでなく、学校・教師の自由や多様性を奪う。日本のテスト政策の「真のねらい」は、国家が学校・教師を管理統制するための手段であった5。結果主義的・強圧的なテスト政策による学力向上は、本当に子どもの人生を豊かにし、幸せをもたらすのであろうか。

本書が主張したいことは、「学力とは何か」という学力の内実が問われていないことであり、学力テストに関わる多くの人々の考え方、やり方、工夫、批判などを全て奪い去っている点である。そして、教育における自由や多様性、自主性が失われている点である。まさに学力テスト政策における「思考停止」状態である。今日の学力テスト政策は、学力を上げることが国・自治体、教育委員会、学校・教師のミッションとなり、何人も疑いや批判を持たない状態を生み出している。全ての人が善悪の判断を脇に置き、「学力向上」というミッションに邁進する。学力テストの意味や意義などが問題なのではなく、学力テストで上位に位置することが重要なのである。そこでは「学力とは何か」「なぜ学力を上げる必要があるのか」といった類の疑問は、邪魔で余計なことなのである。

本書の主張の再確認

日本の学力テスト政策が問題なのは、学力テストの実施、それ自体ではない。学力の実態把握は、教育政策上も学校現場においても重要な課題である。しかしながら、日本の学力テストは「学力の実態把握」「学力向上」

を目的としているというよりも、学校・教員の管理統制の手段となる極めて危険性の高いものである。そのことは、学力テスト政策の先発国であるアメリカの事例からも明らかであり、日本はアメリカを後追いするような状況である（北野、二〇一二）。第Ⅰ部「『現代学力テスト政策』の現状と課題」を終えるにあたり、学力テストのあり方に関する筆者自身の明確なメッセージを読者の皆さんに伝えたいと思う。本書の主張は、次の三点である。

▼テストが主役となるような教育とは、教育への眼差しを、点数化された結果と成果へ向けることであり、教師をテストの点数を上げるための「技術者」や「管理者」におとしめることである。企業であれば、善悪の価値判断を後回しにしても、利潤追求を最優先とするであろう。しかしながら、教育とは児童生徒の個性や多様性を尊重し、一人ひとりの幸福を実現する営みである。企業は、全社員一丸となって利潤という経済的な多寡を追求するが、教育は異なった価値観や考え方を尊重する。

学力テストは、こうした児童生徒だけでなく、教師の多様な価値観や考え方をも一元化し、点数至上主義を招く。テストの点数を上げることがミッションとなり、至上命題となる。授業（学び）を媒介として豊かな人間性を築くという崇高な理念は消え去り、子どもは分断され、孤立する。従って、競争や淘汰を目的する学力テストの実施には反対する。

▼もちろん、学力の実態把握を目的とした学力テストの実施には反対ではない。但し、現状の学力テストは改善すべき点が多い。その改善点を四つ挙げよう。

第一には、把握すべき学力の定義を曖昧なものとせず、明確に定義した上で学力調査を実施すべきである。

第Ⅲ部でも述べられているように、学力とは知識の多寡ではなく、物事の本質を「理解」することであり、現実生活において「活用」することである。学力観の転換と反省なくして、学力テストを実施することは「労多くして功少なし」である。

第二には、現状のような「悉皆調査」ではなく、数年に一度の「抽出調査」とすることである。その規模も、一万人程度で十分である。

第三には、国際学力調査のPISAやTIMSSのように問題数を増やして、教科の内容別・項目別に学力調査を行うべきである。

第四には、学力テストの問題作成や結果の分析に関する専門家を配置して、その結果を専門的・多角的に分析すべきである。特に、テスト実施に関する専門家を配置できない県や市町村などの小規模な自治体においては単独での実施を中止し、複数の自治体による地域ブロックでの実施を検討すべきである。

▼学力テストの結果は、学力下位の児童生徒や学校の支援、ないしは学力格差の是正に活用すべきである。競争に勝った人間が、ふるさとを捨て都会の有名大学に行くことを否定はしない。だが、地元に残り、家族や地域のために生きる人間も尊重されるべきだ。学校や地方自治体が最優先で取り組むべき課題は、地域で生きる人材、地域で活躍する人材の育成である。全ての子どもの学力保障を可能とする学校を、大阪大学の志水宏吉らは「力のある学校」(二〇一〇)と呼んでいるが、地域に残り、地域と共に生きる人材を育てることも「力のある学校」「力のある教育委員会」「力のある地域社会」として大切なことであろう。

その際には、学校・教師だけでなく、親・保護者、教育委員会、地域の人々が一体となって児童生徒を共に育てるという協働作業が不可欠となる。異なった価値観や多様な生き方こそが、日本の子どもの成長には必要であり、そのことが日本の地域社会を活性化し、豊かなものにする。競争重視の教育は、勝者を慢心させ、敗者を絶望へと追い込む。私たちは、互いに共存し、共生し、様々な困難や障害を抱えている人々とも手を取り合って生きていくべきではなかろうか。

では、「学力向上」を目的としたとき、テストが主役とならないような教育、テストを主役としない教育はあるのだろうか。「ＹＥＳ！」である。それは当たり前のことであるが、児童生徒・学校・教師を主役とする教育である。もともと日本の児童生徒は、世界のどの国と比較しても均質で学力水準は高い。そして、学校は平和で安全である。こうした日本の学校の長所を最大限に生かしつつ、未だに解決されていない問題や、近年の新たな社会問題に取り組むべきではなかろうか。

取り組むべき優先課題

では、日本の学校の課題とは何か。それは、「学力格差の解消」「いじめ」「不登校」「学級崩壊」「荒れ」などの問題である。例えば、「いじめ」問題は深刻である。二〇一一年一〇月に起こった滋賀県大津市の「いじめ事件」は、教育の根深い問題を露呈した。当時、中学二年生であった男子生徒が、いじめを苦に自宅で自殺するという「大津いじめ事件」は、教育現場において未だ「いじめ問題」が改善されていないだけでなく、学校・教師、教育委員会の隠蔽体質、無責任体制を露呈するものであった。学力テストの点数を上げることよりも、教育委員会・学校・教師は、こうした問題に正面から取り組むべきではなかろうか。また、日本国内の外国人子弟、在日朝鮮人、同和地区、特別支援児童などへの教育支援も喫緊の課題である。「差別」が日本の教育の代名詞であってはならない。

そして、「学力格差の解消」は、日本の学校が取り組むべき最大の課題である。なぜならば、「学力格差」の問題は、今の日本における「格差社会」を反映する深刻かつ重大な問題だからである。一九七〇年代に登場した「一億総中流社会」の神話はすでに崩壊し、今の日本では年収四〇〇万円以下の家庭が四五・九％にも達している。そして、日本全体の平均所得金額（五三七万二千円）以下の割合では、「児童のいる世帯」が四一・五％、「母子世帯」が九五・九％にも達している（厚生労働省、二〇一四、一三頁）。まさに子どもを抱えている世帯ほど年収が低い状態にあることがわかる。

さらには、山形大学の戸室健作らの最新の調査では、一八歳未満の子どもを抱える生活保護費以下の収入で暮らす子育て世帯の割合は、二〇年前と比較して倍増し、一三・八％の約一四六万世帯となったことも指摘されている（『東京新聞』二〇一六年三月二日）。とりわけ、子どもの貧困が深刻化しているのが沖縄（三七・五％）、大阪（二一・八％）、鹿児島（二〇・六％）、福岡（一九・九％）などであり、学力低下問題との相関関係も予想される[6]。

経済格差がますます拡大し、貧富の差が開いているのが日本社会の現状である。家庭状況の悪化、階層間格差の拡大は、学校教育を直撃する。明らかなことは、経済格差の影響は学力問題に決定的な影響を与えるということである。「貧困」は、たんに児童生徒の家庭環境の悪化をもたらすだけでなく、学校現場にも様々な問題をもたらす。給食費を払えない、まともな食事ができない、学習塾へ行きたくても費用が払えない、教材を買いたくても買うお金も無い。「貧困世帯の学力が低い」ことは、世界の共通認識である。

そして、こうした貧困によって、児童生徒が将来の夢・希望・意欲をなくす、「希望格差」（山田、二〇〇六）の発生も指摘されている。こうした希望格差を解消し、「努力が報われる社会」を作るには、たとえ育った環境が悪くても、学校・地域が支える社会構造や社会システムを構築する必要がある。学力テストの結果が、児童生徒の「やる気」をそぐような状況を作り出してはならない。

他分野との連携・連帯

もちろん、貧困家庭の児童生徒の学力支援を積極的に進める事例がないわけではない。例えば、最近では東京都が子どもの貧困対策として学習支援や食事提供を行うという新たな政策を公表している。東京都は、こうした支援事業に二〇一六年度の予算案に六八〇億円を計上している（『東京新聞』二〇一六年一月一六日）。同じような事例は、那覇市の「児童自立支援」、高知県の「福祉教員」、福岡県春日市の中学校における「不登校支援事業」でも見られる（末冨、二〇一二）。それは、「学習の社会保障」という新たな観点からの試みでもある。

こうした自治体の試みが注目に値するのは、子どもの学力保障を教育分野からだけでなく、福祉・健康といった分野からも貧困家庭の児童生徒の学力支援を行おうとするものである。これまでの学校教育は、教育の自律性・専門性を強調する余り、他の分野との協調・連携が不十分であり、孤立する傾向が見られた。しかしながら、もはや学校・教師だけでは、貧困家庭・母子家庭など様々な問題を抱えた児童生徒の学力支援を行うことは不可能である。

今、日本に求められているのは、学力テストの結果に一喜一憂するような学力テスト政策ではなく、学力格差の是正や貧困家庭の児童生徒の学力支援である。現在の学力テスト政策を意味あるものとするためには、日本全体で広がりつつある学力格差の是正や貧困家庭の児童生徒の学力支援へと利用するための手段とすることである。今のようなテスト結果を重視する学力テストは、即刻「中止」するか、もしくは「大幅な再検討」を行うべきではなかろうか。

注

1　哲学者、思想家のアーレントはナチ政権成立後（一九三三）パリに亡命し、一九四一年にはアメリカに亡命する。その後、カリフォルニア大学バークレー校、シカゴ、プリンストン、コロンビア大学などで教授・客員教授などを歴任する。全体主義を生みだす大衆社会の分析で知られ、主なる著書には『全体主義の起源一―三』（一九五一）、『人間の条件』（一九五八）などがある。

2　東京都学力テストは、二〇〇四（平成一六）年二月から実施されたが、その正式名称は「児童・生徒の学力向上を図るための調査」であった。同テストの表向きの理由は、「⑴児童・生徒一人一人に確かな学力の定着を図る。⑵各教科の目標や内容の実現状況を把握し、指導方法の改善・充実に生かす」ことであった。

3　さらには、足立区ではテスト対策の加熱によって、「多くの弊害」や「あってはならない事態」が学校現場で多発した。一例を挙げると、区独自の学力テストで情緒障害のある児童三人の答案を採点対象から除外したようである（『毎日新聞』二〇〇七年七月八日）。また、区立小学校の校長・教員の六名がテスト中に児童の答案を見て回り、間違った回答には「指さし」で児童に指示していた事実も報告されている。足立区の事例は、結果を過度に強調する学力テストが学校や教員に強いストレスを与え、不正行為の呼び水にもなったことを証明している。

4　学テの将来的な目的に関しては、「やがては高校入試に代わるべきものにする」という点と「アメリカの能力開発的なものを」（徳武、一九六五、三頁）実施する意図があった。この点に関しては、文部省側も「高校入試選抜制度ないし方法の改善の検討に資する」（文部省初等中等教育局、一九六〇、一九―二〇頁）と述べており、高校入試改革を視野に入れた制度設計がなされていたことになる。

5　今日の新自由主義的な教育のあり方を批判する佐貫　浩は、日本の学力問題が「グローバル化に対処する国家と資本の基本戦略の一環に位置づけられて、教育改革の焦点に押し上げられてきている」（佐貫、二〇〇九、一二―一三頁）と指摘した。そして、同じくテスト政策も批判する。「新学力テストシステムが作り出され、学力テストで測られる学力をどこまで高めるかで学校が評価され、教師の給与までが差別化されるような人事考課制度が導入されつつある。……教師の仕事には、学力向上のプロフェッショナルとしてのスキルが求められ、学校教育全体が学力訓練工場としての性格を強めていく」（佐貫、二〇〇九、一三頁)。

6　一方で、野村総研によれば、二〇一四年には年収一億円以上の富裕層が約一〇〇万七千世帯もあり、預貯金・株・債券・投資信託・一時払い生命・年金保険などの純金融資産総額（保有資産の合計額から負債を差し引いた値）は二四一兆円にも達している。日本の世帯数は、約五二五〇万三千世帯で、日本全体の純金融資産総額が一二八六兆円であるから、わずか一・九％の富裕層が一八・七％もの資産を保有していることになる（野村総合研究所「NEWS RELEASE・二〇四年一一月一八日」https://www.nri.com/jp/news/2014/141118.aspx[2016 /8/13 取得])。

参考文献

青森県教育史編集員会（一九七四）『青森県教育史（第二巻：記述編）』青森県教育委員会

アーレント，ハンナ（大久保和郎訳）（二〇一五）『イェルサレムのアイヒマン』みすず書房

荒井克弘（二〇〇八）「第一章　戦後日本の大学入試と学力調査」荒井克弘・倉元直樹編著『全国学力調査―日米比較研究―』金子書房、二一―一一頁

安野史子（二〇一三）『戦後日本における全国規模テスト（改訂増補第二版）』日本学術振興会科学研究費基盤研究（A）研究成果報告書、一―五五七頁

小川正人編集代表（品川区教育政策研究会）（二〇〇九）『検証教育改革』教育出版

閣議決定（二〇〇九）「新成長戦略（基本方針）」一―二九頁

北野秋男・吉良　直・大桃敏行編（二〇一二）『アメリカ教育改革の最前線―頂点への競争―』学術出版

北野秋男（二〇一三）「東京都の教育改革とテスト政策」日本大学人文科学研究所『研究紀要』第八六号、九一―一〇四頁

経済同友会（一九九七）「市場主義宣言―二一世紀へのアクション・プログラム―」http://www.doyukai.or.jp/database/teigen/970109_2.htm[2010.12.20. 取得

厚生労働省（二〇一四）「平成二五年 国民生活基礎調査の概況」一―五七頁

佐藤修司（二〇一〇）「学力日本一が意味するもの―秋田県の経験から―」国土社『教育』No.768　一〇六―一一三頁

佐貫　浩（二〇〇九）『学力と新自由主義―「自己責任」から「共に生きる」学力へ―』大月書店

志水宏吉編（二〇一〇）『「力のある学校」の探求』大阪大学出版会

末冨　芳（二〇一二）「学習塾への公的補助は正しいか―社会的包摂と教育費」稲垣恭子編『教育における包摂と排除―もう一つの若者論』明石書店、七九―九九頁
東京都教育委員会（二〇〇五）「平成一七年度『児童・生徒の学力向上を図るための調査』の実施について」
都教組（二〇〇七）「東京都の『一斉学力テスト』を斬る」
徳武　靖（一九六五）「転換点に立つ文部行政―学力調査中止の背景と新構想―」『内外教育』時事通信、一八一五号（一九六五年一二月六日）、二―六頁
文部省初等中等教育局（一九六〇）「当面する文教政策の重要課題－義務教育の充実・高等学校の振興」『文部時報』九九九号、一六―二五頁
文部省調査局調査課（一九五七）『全国学力調査報告書、国語・数学昭和31年度』一―三五一頁
矢谷芳雄（一九五三）「東京都の学力検査について」全国教育調査研究協会誌『教育調査（学力調査）』Ⅱ-五・六、一〇―一五頁
山本由美（二〇〇四）「学校選択、学力テスト、教育特区が公教育を破壊する」『世界』No.727　岩波書店、一一九―一二六頁
山本由美（二〇〇九）『学力テスト政策とは何か―学力テスト・学校統廃合・小中一貫校―』花伝社
山田昌弘（二〇〇九）『新平等社会』文藝春秋
若月秀夫編著（二〇〇八）『学校大改革―品川の挑戦―』学事出版

第II部　何のために学ぶのか？

第4章　テストが格差をつくりだす

卒業試験を受けてギムナジウムの課程を修了した人は誰も、いつまでもしつこく試験を内容とする不安な夢を見る。試験に落第して留年するという例の夢である。ドクターの学位を持っている人にはこれが少し形を変え、自分が口述試験に合格していないという夢になる（フロイト『夢判断』）。

1　学歴社会と立身出世

立身出世と国力向上

多くの人にとって試験は、学生時代の苦い思い出の一つかもしれない。かくいう私も学生時代はテストが大嫌いで、あまりに嫌で逃げだしたこともあるくらいだ。勉強ができなかったということもあるけれども、点数による客観的な序列に自分が位置づけられることを拒否したかったのだろう。学生時代以来の旧友と合うと、今でも試験の夢を見るという話に花が咲く。もっともこうした事情は今に始まったことではないようで、精神分析の創始者フロイトは『夢判断』（一九〇〇）にて、「試験の夢」を典型的な夢の一つに数えている。大人になってからも夢のなかで学生に戻って、恐怖感を味わっている人は昔から多かったようだ。

今や「大学全入時代」ともいわれ、受験競争自体はかつてほど激しくないのかもしれないが、試験の過酷さは別の意味で増大している。一九八〇年代には理不尽な校則や詰め込み主義が「管理主義教育」といわれ問題となった。しかし今や全国で猛威をふるっている学力テストは、新種の、巨大な管理主義教育体制を形成しているように思われる。一度作動しはじめてしまうと、抗うことの困難な官僚主義的システムだ。

だが、何のためのテストなのか。学力向上のためだといわれれば反論しにくいけれども、「では何のために学力を上げる必要があるのか」と問い直すと、おおよそまともな答えは返ってきそうにない。しかし、戦時の全体主義がそうであったように「本心では違和感を感じつつ嫌々ながら荷担する」ということが体制を維持させるとすれば、あえて正面からこう問い直す必要があるのではないか。

疑問①　試験は、いやそもそも学校で学ぶ知識には、どのような意味があるのだろうか。

疑問②　どうして学力が高い方がよいこととされているのだろうか。

疑問①は次章以降で論じるとして、疑問②から考えていこう。

一つの典型的な答えは、学校での成績や学歴が社会的選別の機能を果たしているということだ。「立身出世」のためには、あるいは安定した仕事を得るためには、試験でよい成績を収める必要がある。より高い学歴を取得すれば、高収入や好待遇の仕事に就ける可能性が高まる。利己的なようにも思うけれども、こうした考え方が明治以降の日本の学校教育制度を支えてきたことは否定できない。

もう一つの答えは、日本のためというものだ。自然資源の乏しい日本では人的資源の有効活用が必要だ。だから国力発展のために、学力を上げなければならない、という説だ。

しかし本章では、これらの前提をこそ検討したい。学力向上は本当に立身出世や国力向上につながるのだろうか。むしろ今のテスト政策や受験中心の教育体制は、問題があるのではないか。

福沢諭吉の本当の教え

日本における「立身出世主義」は、福沢諭吉の『学問のすゝめ』（一八七二年）で典型的に示されたといわれる。『学問のすゝめ』は「天は人の上に人を造らず人の下に人を造らず」という言葉が有名で、福沢は平等論者のように誤解されがちだが、実は彼の思想はそのような生やさしいものではない。

「天は人の上に～」の一節で福沢は、アメリカ独立宣言（一七七六年）やフランス人権宣言（一七八九）で示された人権思想を表明している。人は生まれながらにして平等で、等しい権利を持つという思想だ。福沢は一八六六（慶應二）年に『西洋事情』で「アメリカ独立宣言」を翻訳して紹介している。アメリカ独立宣言はトマス・ジェファーソンによって草稿が作成された。以下は人権思想を表明している箇所の現代語訳である（斎藤真訳）。

われわれは、自明の真理として、全ての人は平等に造られ、造物主によって、一定の奪いがたい天賦の権利を付され、その中に生命、自由および幸福の追求の含まれることを信ずる（高木他編、一九五七、一一四頁）。

もっとも、アメリカ独立宣言では女性や先住民や黒人の、フランス人権宣言では女性や労働者の権利を認めていなかったし、先進国でもそうした人々の権利がある程度認められるには二〇世紀を待たねばならなかった。国家の枠組みを超えた「世界人権宣言」が国連総会で採択されたのは一九四八年。「女子差別撤廃条約」は一九七九年採択（一九八一年発効、日本は一九八五年に締結）、「児童の権利に関する条約（子どもの権利条約）」は、一九八九年採択である（一九九〇年発効、日本は一九九四年に批准）。今でも人権が完全に認められているとはいいがたい国や地域もある。けれども、あるいはだからこそ、人はみな平等だという発想は近代の思想的遺産だといえる。

ところが、福沢の先の一節は正確には「天は人の上に人を造らず人の下に人を造らずと言えり」（福沢、二〇〇八、一一頁）というものである（傍点引用者）。「言えり」というのがくせ者で、自然状態においては（つまり本来は）人間は平等であるはずなのだが、社会状態においては（現実には）そうなっておらず、貧富や身分の差が存在する、という具合に話は続く。

では現実に存在する貧富の差、身分の差は何に起因するのか。世の中には難しい仕事と簡単な仕事があり、難しい仕事は身分が重く、簡単な仕事は身分が軽いと福沢はいう。そしてどのような仕事や身分につくかを決めるのは「学問」の有無だ。

> 人は生まれながらにして貴賤・貧富の別なし。ただ学問を勤めて物事をよく知る者は貴人となり富人となり、無学なる者は貧人となり下人となるなり（福沢、二〇〇八、一二頁）。

つまり『学問のすゝめ』は、これからは学問の有無によって貧富の差が決まる世の中になるから学問をしろと説いているのだ。平等どころか不平等を前提とした競争の思想である。

『学問のすゝめ』は、人間は皆平等であるという一八世紀的な市民社会論に、一九世紀的な貧富の差を肯定する階級社会論を接ぎ木したものだった（竹内、二〇一三）。では両者はどのように異なるのか。まずは市民社会論に立ち返って教育を考えてみよう。

『社会契約論』（一七六二）などの著作でフランス革命を思想的に準備したジャン＝ジャック・ルソーは、教育小説『エミール』（一七六二）で後世の教育にも絶大な影響を与えた。『エミール』でルソーは、人は産まれながらには平等なのだから、職業によって異なる教育ではなく、同じ教育を与えるべきだと主張した。現代でいう普通教育の思想である。人が社会を形成して以降の社会状態では確かに身分が存在するが、人本来の姿である自然状態では平等であるというのがルソーの立場だ。少し長いが引用しよう。

社会秩序のもとでは、すべての地位ははっきりと決められ、人はみなその地位のために教育されなければならない。その地位にむくようにつくられた個人は、その地位を離れるともうなんの役にもたたない人間になる。〔中略〕

自然の秩序のもとでは、人間はみな平等であって、その共通の天職は人間であることだ。だから、そのために十分に教育された人は、人間に関係のあることならできないはずはない。わたしの生徒を、将来、軍人にしようと、僧侶にしようと、法律家にしようと、それはわたしにはどうでもいいことだ。両親の身分にふさわしいことをするまえに、人間としての生活をするように自然は命じている。生きること、それがわたし

貴族の子	↓	貴族
武士（軍人）の子	↓	武士（軍人）
農民の子	↓	農民
職人の子	↓	職人
商人の子	↓	商人

図 4-1　身分制社会（江戸時代／西洋中世）

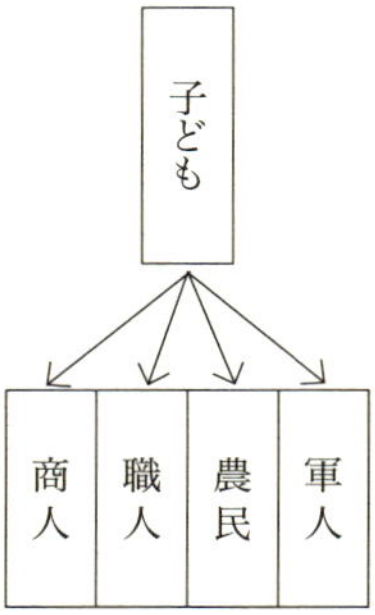

図 4-2　ルソーの思想

の生徒に教えたいと思っている職業だ（ルソー、二〇〇七、三七―三八頁）。

親の職業が何であろうとも、またその子どもが将来いかなる職業に就こうとも、同一の教育を受ける。この考え方は現代にも受け継がれている。ルソーの『エミール』は学校に期待せず家庭教育を重視したが、教育哲学者の小玉重夫が指摘しているように、戦後日本の学校制度は将来どんな職業に就こうと小中学校では同じ内容を学ぶという意味で、極めてルソー的だ（小玉、二〇〇三、九四頁）。

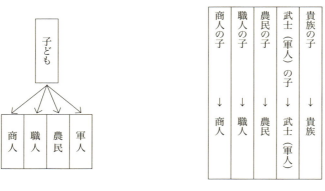

学制と学歴社会

先にみた福沢の思想は、身分制を批判する点においては、ルソーと共振している。しかしルソーが批判した社会状態の不平等を、福沢は肯定してしまっている。むしろ、「学問によって不平等が生じるのだから、せっせと勉強してよい仕事にありつけ」といっているのだ。だから受験勉強に嫌気がさして、福沢を敵視する若者もいる。福沢がそんなことをいったおかげで、私たちはこんなに勉強しなければいけないのだ、と。八つ当たりのようにも思うけれども、意外に本質をついているかもしれない。余談になるが、ある年の私のゼミ生が就職活動で慶応の学生に見下されたと怒っていた。私も学生と一緒になって腹を立てたが、福沢自身が学歴差による社会的不平等を肯定しているとすると、案外に問題の根は深いのかもしれない。

　ともあれ、江戸から明治への転換は、身分制社会から階級（階層）社会への移行でもあった。『学問のすゝめ』は、明治の新しい世の中への転換を肯定する立場から書かれた。福沢は期待を込めて、生まれで身分が決まるのではなく、これからは学問の有無でどういう人になるかが決まっていくべきだとのべたのだ。日本に限らず、社会が近代化していけば、生まれついての身分ではなく、その人が何ができるかで社会が組織されていくことは必然的な流れである。

　そしてこの福沢の思想は、まさに明治国家の目指すところでもあった。『学問のすゝめ』の初篇が書かれた一八七二（明治五）年、日本最初の学校制度を法制化した「学制」が発布された。学制の序文である「学事奨励に関する被仰出書《おおせいだされしょ》」では、「学問は身を立るの財本」という立身出世主義の思想が見いだせる。

> 学問は身を立るの財本ともいふべきものにして人たるもの誰か学ばずして可ならんや
>
> 自今以後一般の人民華士族農工商及女子必ず邑に不学の戸なく家に不学の人なからしめん事を期す

　教育社会学者の天野郁夫がのべるように、学制制定に中心的役割を果たした文部卿大木喬任《たかとう》は「徹底した能力主義者」であり、学制にもそれが反映されている（天野、二〇〇七、一〇三頁）。『学問のすゝめ』では、学問のあ

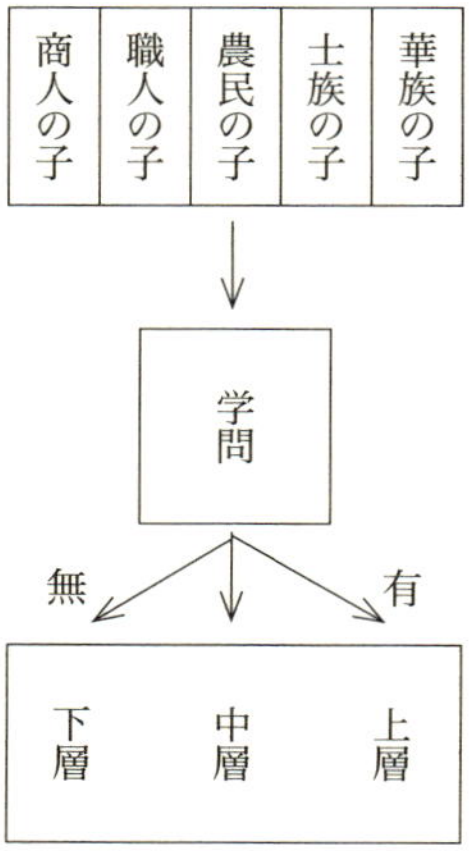

図 4-3　『学問のすゝめ』の発想

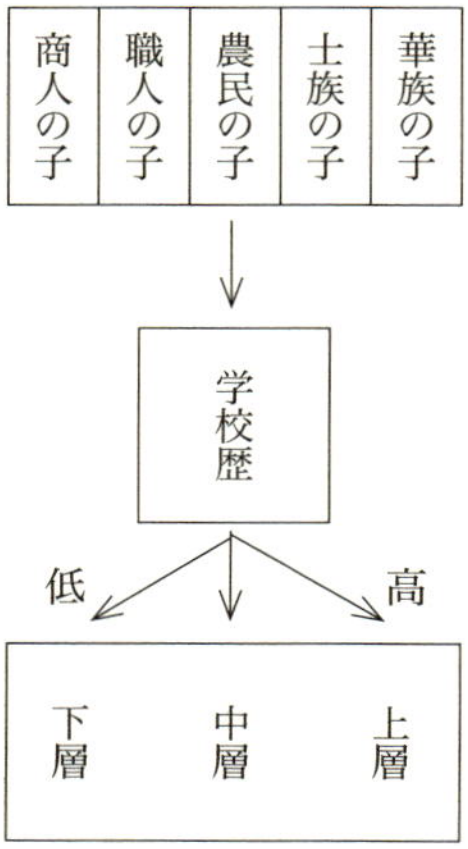

図 4-4　「学制」の発想

るなしは必ずしも学校歴で決まるものではなかったが、学制ではそれがダイレクトに学校に直結されている。

男女・身分の別を問わず国民を皆就学させ、教育によって立身出世をとげさせるのが学制だった。長く続いてきた身分制度の影響から抜け出すのは容易ではなく、この発想は直ちに普及したわけではなかったけれども、少しずつ整備されていった学校教育制度の階梯は、最初は士族にとって、そして徐々に庶民にとっても、徐々に立身出世の王道となっていった（天野、二〇〇五）。今でいう「学歴社会」の誕生である。

「学歴社会」とは、学歴が社会的地位を比較的左右すると多くの人が考える社会のことである。その意味では先進国はいずれも「学歴社会」であるといえるが、教育社会学者の苅谷剛彦は、日本ではこの意識が顕著であるという。

> 本人の受けた教育年数が職業的な地位や所得水準を左右する重要な要因のひとつであることは、もはや社会移動、社会階層研究の常識といってもよい。しかし、学歴がその後の地位を規定するという事実を取り立てて問題視する議論が、一

般の雑誌や新聞などでもこれほど活発に行なわれ、「学歴社会論」としてひとつのジャンルを形成するほどまでに広まっている社会は、日本をおいてほかにはない（苅谷、一九九五、一〇八―〇九頁）。

欧米を模して急増された日本の教育制度には、いってみればあらかじめ「学歴社会」への道が埋め込まれていたとすらいえるのだ。

学校への依存

日本は西洋諸国から大きく遅れて明治期に近代化を果たしたが、義務教育制度の創設時期に関しては必ずしも後れを取ってはいない。学制発布は一八七二年だが、イギリスの初等教育法は一八七〇年（イングランドとウェールズ）から一八七二年（スコットランド）、フランスで公立小学校が義務化されるのは一八八二年である。明治政府がいかに急ピッチで教育を制度化していったかがわかる。

そして先進諸国において義務教育制度ができて約百年後、多くの子どもたちが学校に通うようになると、その弊害も指摘されるようになった。こうして一九七〇年代以降、学校批判が声高に叫ばれるようになる。

もともとはカトリックの神父だったイヴァン・イリッチは『脱学校の社会』（一九七一）において、大々的に学校を批判し、これを廃棄すべきだと主張した。人は「学校化」されることにより、目的と手段を混同し、制度に頼らなければ何もできないと考えるようになってしまう。

「学校化」(schooled) されると、生徒は教授されることと学習することとを混同するようになり、同じように、進級することはそれだけ教育を受けたこと、免状をもらえばそれだけ能力があること、よどみなく話せれば何か新しいことを言う能力があることだと取り違えるようになる（イリッチ、一九七七、一三頁）。

本来は人の能力を高めるために学校があるのに、学校に行っていることそれ自体が能力が高い証だと人は錯誤する。だがイリッチによれば「本当は、人の成長は測定のできる実体ではない」し、「どのような尺度やカリキュラムをもってしても測ることができないし、他人の業績とも比較できない」（イリッチ、一九七七、八二頁）。

日本では一九七〇年代に高校進学率が九割を超える頃から、校内暴力や登校拒否（不登校）、いじめといった事象が広く注目されるようになってきた。明るい未来をもたらすはずの学校が、社会病理を引き起こしていると感じる人も多くなった。多くの子どもたちが学校に通うようになり、それ以外のルートが閉ざされたためである。そうしたなかでイリッチの学校批判は、支持を集めていった。一九七〇年代から一九八〇年代にかけて、フリー・スクールをはじめとしたオルタナティブを求める動向に力を与えた。

だが、私たちはいまだ「脱学校」できていない。むしろ学校への依存はかつてより強くなっているように思われる。

2　学校が格差をつくる

試験で実力は測れない？

立身出世主義の前提は、試験の成績がよい方がより難易度の高いとされる学校に進学しやすくなり、より高い収入を得やすくなるというものだ。

他方で大人になってみれば、学歴や過去の成績が、社会人としての能力や収入に比例はしないということもわかってくる。高い学歴を誇りながらもぱっとしない人はいくらでもいるし、学校に行っていなくても立派な仕事を成し遂げる人も多い。だから私たちは考える。学校の勉強や試験には結局、意味がなかったのだ、と。

社会学的にみれば、このように試験を低く見積もる認識は、「冷却」の意味がある。確かに、試験は将来の能力を完全に予測することはできない。しかし他方で、学歴が、社会的な選別の機能を果たしているのも事実である。高い学歴を取得しても、希望する仕事に就くことができるとは限らないが、確率はより高くなる。その事実があるからこそ、人々は学歴取得に駆り立てられる。しかも日本の場合、入学が厳しく卒業はやさしいので、一八歳時で学歴がほぼ固定されてしまう。だから受験前には意欲を加熱して、受験が終わったらその情熱を冷却する必要がある。終わってしまった試験はどうにもならない。だから人は口々にいうのだ。「試験なんてあてにならないよ」と。

教育社会学者の苅谷剛彦は、「学歴は実力を反映していない」という認識は、もとをたどれば経済的不平等への不満が屈折した形であらわれたものだという。「学歴主義」批判が華々しかった一九六〇年代には、戦前の教育体制で育った大人たちも含めて、学力以外の経済的な理由で上級学校に進学できなかった人々が多数存在した。例えば一九六五年の生産年齢人口では、六四％の学歴が初等教育卒業以下だった。そのような時代には、職場での学歴による待遇の違いを「差別」と感じる人も多かった。そして高度経済成長を経て進学率が上昇した時代にも、「学歴主義批判」というテンプレートが生き残っていったのである（苅谷、一九九五、一四七頁）。

日本における「学歴は実力を反映していない」という見方は、大学受験で問われる知識が「役に立たない知識」の「暗記」であるという認識にも由来する。イギリスやフランスの大学受験で問われる知識は、文学や哲学といった伝統的知識に連結している。アメリカでは高校までの活動やエッセイ（論文）の構成力が問われる。欧米のエリートは、受験を通して将来の身分にふさわしい上位階層の文化を身にまとうのだ。

それに対して日本では、受験で問われる知識それ自体は階層差とは比較的無関係で「中立的」である。それ自体意味があるとはさして思えない内容を効率よく詰め込んだ者が学歴社会の勝者になるため、競争は多くの人々に公正に開かれているかのようにみえる。だからこそ日本は学歴の取得により「生まれ変わり」ともいえるほどの社会的地位の上昇が可能になると信じられてきたのだ。少なくとも戦後のある時期までは。

再生産論の衝撃

では、学歴取得による「生まれ変わり」はどの程度なされるのだろうか。例えば芸能界も「生まれ変わり」の世界だ。矢沢永吉の名作自伝『成りあがり』は、一代でのし上がったミュージシャンの気概があらわれていて清々しい。だが注意してみてみると、世襲制ではないはずのタレントやスポーツ選手にも、二世や三世が多いことに気づかされる。政治家などその最たるものだ。かくいう私も明治以来の教員一家の出なので、他人のことをいえた義理ではない。

同じようなことは学歴でもいえるのではないか。学歴取得レースのルールは誰にとっても公平なものなのだろうか。データが明らかにするところによると、社会的上位層出身者の方が、高学歴を取得する可能性は高く、将来に高収入を得る確立が高い。それゆえに学校は、既存の社会階層を再生産するだけでなく、その再生産を正当化してしまう。つまり自分がよい仕事に就けたのは学歴取得レースを勝ち抜いて、高い学歴を得たからだ、と。

このような学校批判を「再生産論」という。フランスのブルデュー、イギリスのバーンスティン、アメリカではボールズとギンタスらが主な論者だ。日本では苅谷剛彦が「ゆとり教育」批判の際に再生産論をバックボーンにした。

学校が社会的再生産の装置になってしまうのは主に次の理由による。

第一に、学校で学ぶ知識はそもそも上位階層の文化を反映したものであり、上位階層の子弟は家庭をはじめとする環境それらを身につけていることが多い。社会階層を特定するためによく使われる指標に、クラシックのコンサートに行くかどうかという質問があるが、クラシック音楽の「クラス」は社会階層という意味もある。学校では古典文学やクラシック音楽は学ぶが、ライトノベルやヒップホップは学ばない（最近の日本の教科書はポップカルチャーを取り入れていたりするが、いずれにせよ「おとなしめ」のものしか持ち込まれない）。イギリスの文学、フランスの哲学が代表的だが、ヨーロッパでは大学入試でも、古代以来の西洋文化の伝統に関連する知識が問われる。つまり前時代からの文化的遺産を継承した恵まれた家庭に育てば、学校での知識にも親しみやすく試験にも有利なのだ。

第二に、上位階層の子弟は、幼少期から充実した教育を受けることが出来る。もともと社会的上位層の方が下位層に比べて教育に熱心である。そもそも複線型の学校体系では、初等教育段階で高等教育に連結できるか否かが決定してしまう。複線型学校体系とは、学校体系が現代では、初等教育（小学校）段階で、高等教育（大学）に進学するコースとしないコースが分かれている。イギリスは現在も複線型の学校体系である。

複線型の起源は、学校制度が自生的に発展してきたヨーロッパにおいて、大学と初等教育機関が別々に存在したことである。大学ではラテン語で講義を行っていたため、入学前にラテン語を学ぶための準備学校が必要になった。これらの準備学校の末裔が、今ではエリート進学校のように認識されているイギリスのパブリック・スクー

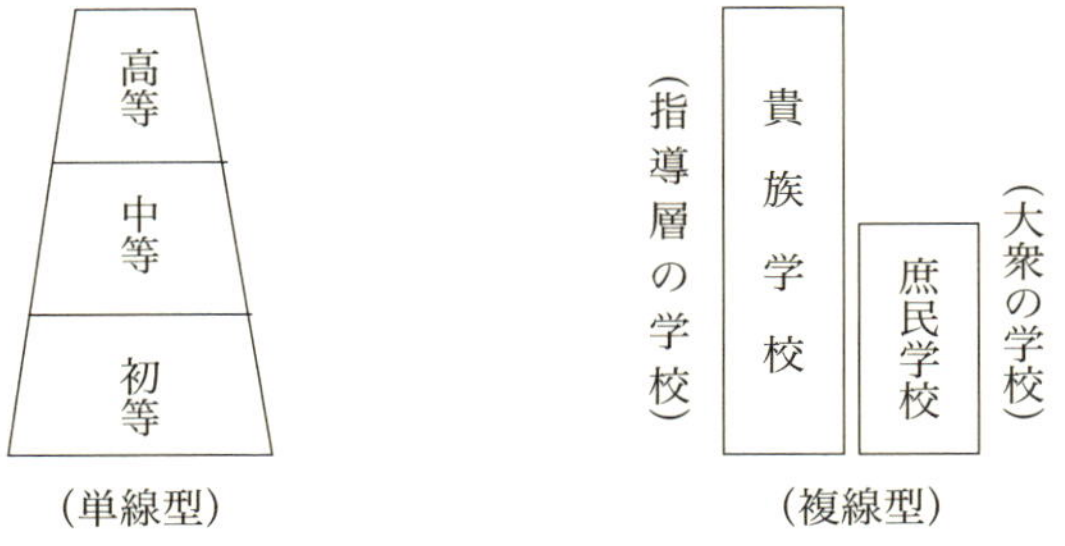

図 4-5　学校体系の 2 類型（仲新・持田編 1979:8）（単線型と複線型）

ルやドイツのギムナジウムである。他方、庶民向けに現地語の読み書きを教える初等学校も存在した。ここで学ぶ子どもは上級学校に進学せず仕事に就く。日本の寺子屋よりかなり粗末な「村の学校」が、小学校の起源である。この二つの学校系統は、教育制度が整備されていくなかで、徐々に一つの学校体系に統合される。だが、歴史のあるこの分断が実質的に維持されているというのが複線型学校制度である。複線型と単線型の中間で、初等学校の後期や中等学校から分岐していくという分岐型もある。

例えば複線型のイギリスでは、小学校入学の時点で、大学に進学するか否かがほぼ決まってしまう。もちろん子どもが小さければ親の意向で学校が選択される。その際、学歴の有用性を知っており教育熱心なホワイトカラー層と、学歴を信頼してもいなければ期待もしないブルーカラー層の選択は異なる。そして結局、自分がたどってきた道を子どもに選ばせることによって、まず学歴が、そしてその結果として社会階層が再生産されてしまう。

単線型学校体系では、全ての初等学校は高等教育にまでつながっている。アメリカや日本は単線型だ。日本は明治期に中央集権的に学校制度をつくったので、学校体系を統一しやすかったということもある。もっとも日本が現在の単線型学校体系になったのは、戦後占領期にアメリカの制度を模して制度改革を行ったからであり、戦前の学校は分岐型だった。

第三に、教育内容以前に身体性（ハビトゥス）の問題がある。学校に真面目に通って勉強して試験を受けるということそれ自体が、定時に出社してデスクワークに励むホワイトカラー層の文化を反映している。だから、労働者の文化（腕っ節の強さ、気前の善さ、「男気」等）は、ホワイトカラーの生活態度を反映した学校文化（従順、勤勉、規律等々）には適合的ではない。そのため労働者階級の子弟は、自ら学校に反抗し、結果的に階層が再生産されてしまう。

ポール・ウィリスの『ハマータウンの野郎ども』（ウィリス一九九六）には、イギリスの労働者階級の子どもたちが、自ら学校に反抗して教師や模範生を批判し、学校文化と距離をとることで、結果的に労働に適応していく様子が生き生きと描かれている。

学校は格差を縮めない

立身出世主義の前提は、「生まれ」とは異なる階層に移動するために、学歴が有効な役割を果たすというものである。どのような家に生まれるかは選べないが、学校での競争がある程度平等ならば、能力があるものがそれにふさわしい学歴を得て、その能力にふさわしい仕事に就くだろう、と。

しかし再生産論が正しいとすると、学歴とは「生まれ」をそのまま「学歴」に変換したものに過ぎず、階層の移動はさほど起こっていないことになる。社会階層の再生産については、実証的な研究が多くなされている。国や地域によっても年代によっても異なるので完全ではないとしても、大まかに再生産と呼べる事象は存在するようだ。イギリスであればホワイトカラーとブルーカラー、アメリカでは白人と有色人種といったわかりやすい指標から、階層の再生産や不平等は可視化されやすい。

それに対して日本は、こうした構図は見えにくいけれども、実は欧米と同じような階層の分極と再生産の構造は戦前から存在していた。そもそも高度経済成長以前の日本では、勉強ができる子どもが必ずしも上級学校に進学できるわけではなかった。

だが日本が豊かになってくるとともにまず高校進学率が、続いて大学進学率が上昇する。高度経済成長以降、バブル経済崩壊前（一九九〇年代初頭まで）の日本は「一億総中流社会」といわれた。この時期には学歴取得による上昇を多くの人が実感することができた。子の世代は多くの場合、親世代より高い教育を受けることができたからである。こうした時代には、社会の不平等は見えにくかった。しかし社会学者の佐藤俊樹（二〇〇〇）によれば、「一億層中流」といわれた戦後日本でも、社会階層の再生産は一貫して続いていた。

社会学者の吉川徹は、世間でいわれる「格差」の背後に、大卒／非大卒の分断線をみいだし、これこそ「格差社会の『主成分』」ではないか」という（吉川二〇〇九：一一頁）。「学歴社会」というと、一流大学卒業かそうでないかが分岐点となると考えがちだが、実際の日本社会は短大卒／大卒の大卒層と、中卒／高卒の非大卒層とで分断されている。そして社会的格差や貧困の主たる原因は学歴にあるというのだ。

なるほど吉川の示すデータによれば、自分を「下流」と意識する若者（三五歳以下）のうち、実に七割が非大卒である。そして親と子どもの学歴を比較した調査によれば、親子で学歴が再生産される率が高い。もちろん、世代間の学歴上昇（親・非大卒↓子・大卒）や下降（親・大卒↓子・非大卒）も一定程度あるものの、親子とも大卒／親子とも高卒の割合が極めて高い。

メリトクラシー社会の悪夢

では、個人の能力以外の経済的・文化的な要因が学歴に影響してしまうとすれば、逆に、個人の能力を徹底的して測定・評価していくべきなのだろうか。

人が実力で評価される社会のありようを、メリトクラシー（業績主義・能力主義）という。イギリスの社会学者マイケル・ヤングによる造語で、メリット（merit）は業績や能力を、接尾語の -cracy は、支配や統治を意味する（デモクラシーやテクノクラシーと同じ接尾語だ）。より高い能力を持つものが、より高い評価を得たり、地位を得た

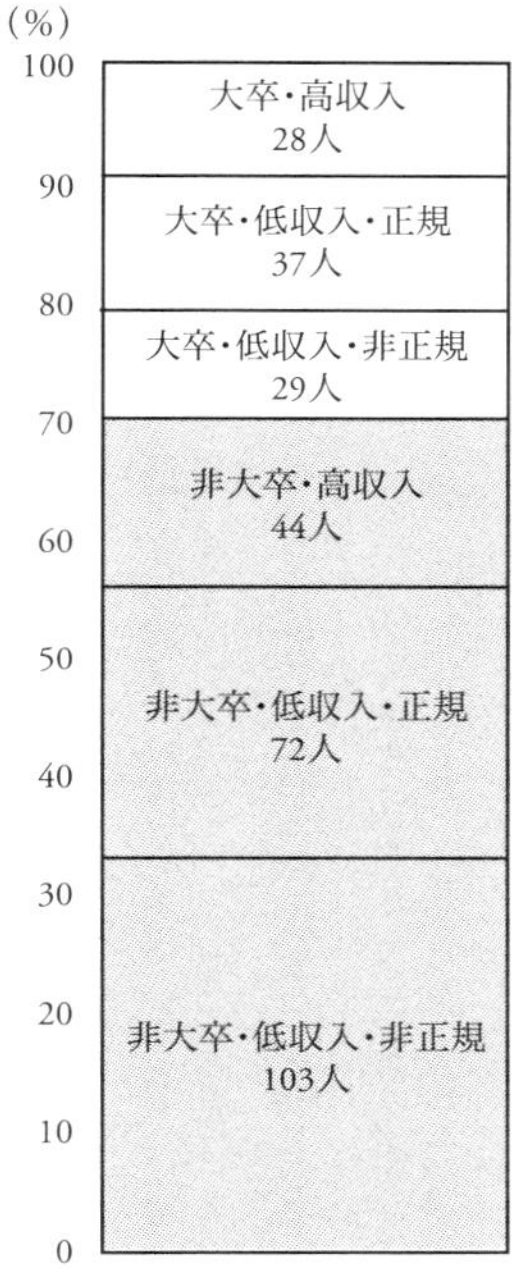

図 4-6　「下流」の学歴構成
（吉川 2009:163）

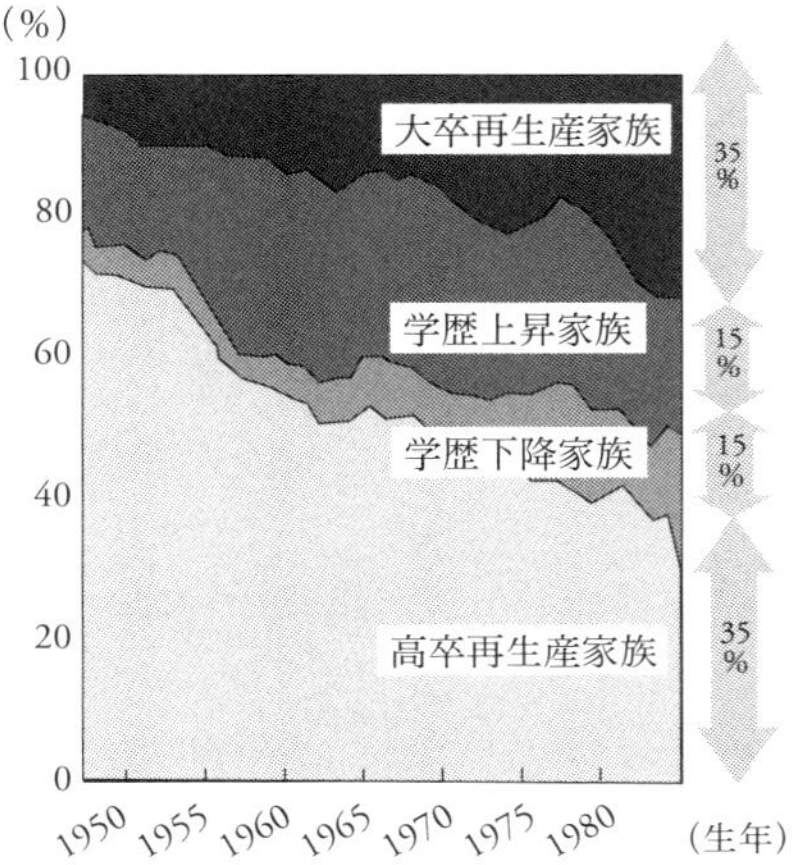

図 4-7　4 つの家族累計の比率の推移
（吉川 2009:151）

りできるという意味合いである。スポーツの世界などは、完全ではないにせよある程度これが徹底しているだろう。竹内は日本のメリトクラシーの幕開けを、官吏試験制度が導入された一八八七年としている（竹内、一九九五、一一二頁）。

メリトクラシーという言葉の初出は、『メリトクラシーの勃興』（一九五八）というディストピア（暗黒の未来）小説である。ヤングは、イギリス社会への強烈な皮肉をこの作品に込めている。イギリスの複線型教育が階層の再生産に寄与していることはすでに触れたが、イギリスはまた知能テストをいち早く教育に取り込んだ先進国でもあり、二〇世紀前半にはすでにテストによる能力別学級編成が導入されていた。

ヤングはこの現実を想像力で進行させ、能力による社会的選別がさらに早期になる未来を予想した。

> 徐々に、教育心理学者は、その学問の長足の進歩により、子どものうちに、訓練を受けていないものにはとてもみつけだせないほど深くかくれていても、その知能を見抜き、その知能が成人になって発展してくる年齢を予言する方法を獲得したのである。〔中略〕
>
> 三歳で能力の検査をして見分けができるとすると、知能の高い子どもが、ほとんど間違いなくその発達を遅らせるであろう他の子どもたちと一緒に知能指数混合の同じ学校に行くことは、本当に無意味であろう。〔中略〕
>
> しかし、科学はゆっくり進んではくれないのだ。三歳が限度ではなかった。知能検査年齢は、事実、母親のおなかの中まで入り込んだ（ヤング、一九八二、二一五―二一七頁）。

ユマ・サーマン主演のＳＦ映画『ガタカ』（一九九七年）が描いているのは、そのような悪夢の近未来像である。遺伝子工学が発展して、受精段階の操作で劣性遺伝子を排除できるようになったため、多くの人は遺伝子操作をともなう人工授精によって子どもをもうけるようになる。両親の優性遺伝子だけを受け継ぎ、高い能力を持って生まれるエリート層（「適格者」と呼ばれる）は、それにふさわしい高い教育と専門的な仕事を得る。知的労働者やスポーツ選手はみな、そうした操作を受けた人間だ。逆に遺伝子操作を受けずに自然妊娠で生まれる子ども（「不適格者」と呼ばれる）には、それなりの教育と単純労働とが待っている。世界は富めるものと貧しきものに二極化しているが、それを遺伝子工学が再生産する。もちろんこの映画はフィクションだが、不気味なリアリティで私たちに迫る。遺伝子操作はともかくとして、実は日本でも同じような選別的な発想をする人が少なくない。

教育社会学者の広田照幸がのべるように、エリートだけ早期に選出して、ふさわしい教育を与えるべきだと考える財界人は多い。だがそれが現実化すれば、「個々人の能力に応じた教育」という名の実質的な複線型教育制度となり、社会階層の再生産は今よりも強固になるだろう。だからこそ広田は、「個々の子どもの生まれつきの能力は測れない」（広田、二〇一五、一二八頁）という前提から教育制度を構想すべきだという。

ただし、「学歴社会」はメリトクラシー社会とはいい切れない点には注意が必要である。学歴は個人の能力を正確に反映しているわけではないからである。広田がのべるように、日本でも世界でも、完全なメリトクラシー社会は実現していない。学校の試験でも、心理テストでも、人の完全な能力など計測できないからだ。

『ガタカ』でも「不適格者」ヴィンセントは、見事にその逆境をはねのけた。鳥山明『ドラゴンボール』に登場する戦闘力測定装置「スカウター」も、相手（地球人や人造人間）によっては正確な能力測定ができない。そればかりか、生まれつきの戦闘力が低いと判定されて辺境の惑星（地球）に送られた孫悟空（カカロット）は、成長してサイヤ人の王子ベジータの力を超え、帝王フリーザを倒すまでになった。

人の能力を測定し活用することは、その人のその後の可能性を狭めることにもなる。これらの作品には、人の能力など完全に測ることはできないのだという私たちの願望も含めた意識が反映されているといえる。

3　本末転倒のテスト政策

「ゆとり教育」と競争原理

本章の冒頭では福沢諭吉の『学問のすゝめ』が、立身出世主義の典型例を示していることを指摘した。今でも多くの人は、立身出世主義に基づいて学歴取得競争に参加している。

だが、さらに見過ごすことができないのは、福沢の思想はもう一つの別の意味でも継続している点である。それは学力が個人にとっては立身出世主義の道具でありながら、同時に国家にとっては国際社会のなかのポジションを高めていくための道具として考えられているということである。福沢は『学問のすゝめ』で、国力を上げて西洋に対抗していくためには学問が必要だとのべている。

貧富強弱の有様は、天然の約束に非ず、人の勉と不勉とに由って移り変わるべきものにて、今日の愚人も明日は智者となるべくし、昔年の富強も今世の貧者となるべし、古今その例少なからず。我日本国人も今より学問に志し、気力を慥《たしか》にして先ず一身の独立を謀《はか》り、随《したが》って一国の富強を致すことあらば、何ぞ西洋人の力を恐るるに足らん（福沢、二〇〇八、三二―三三頁）。

立身出世と国力向上。『学問のすゝめ』や「学制」の思想は、明治以来いまだに続いている。しかしこの前提には、大きな問題がある。第一の問題は、学力の向上が必ずしも立身出世を約束しない社会になっていることであり、第二の問題は、にもかかわらず国は格差が拡大するようなテスト政策を進めているということだ。

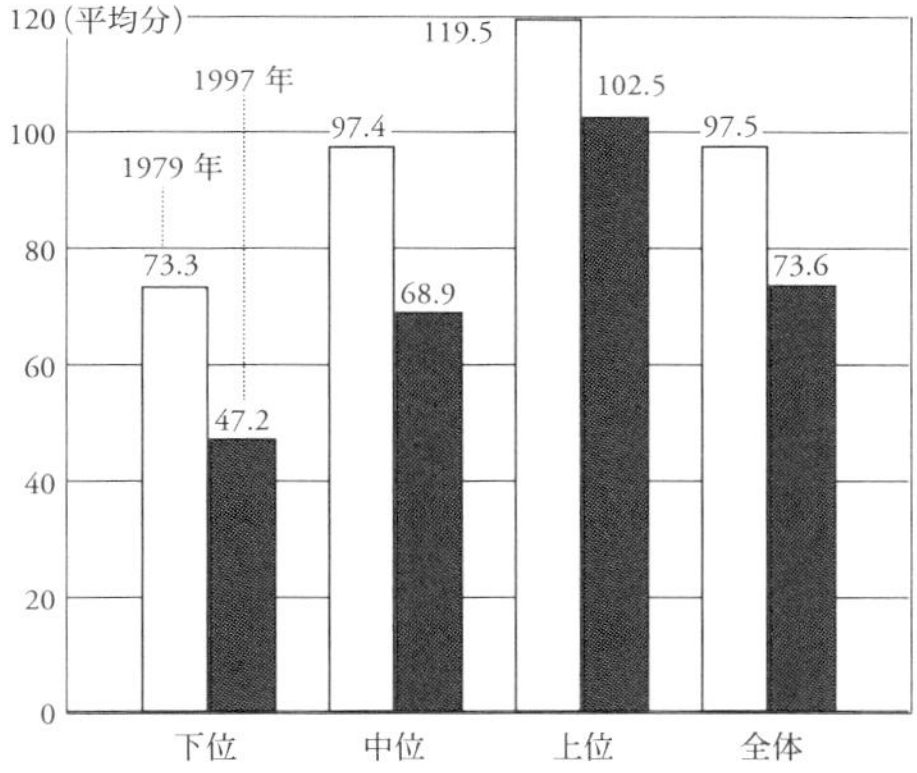

図 4-8　学校外での学習時間（社会階層グループ別）
（苅谷、2004, 216）

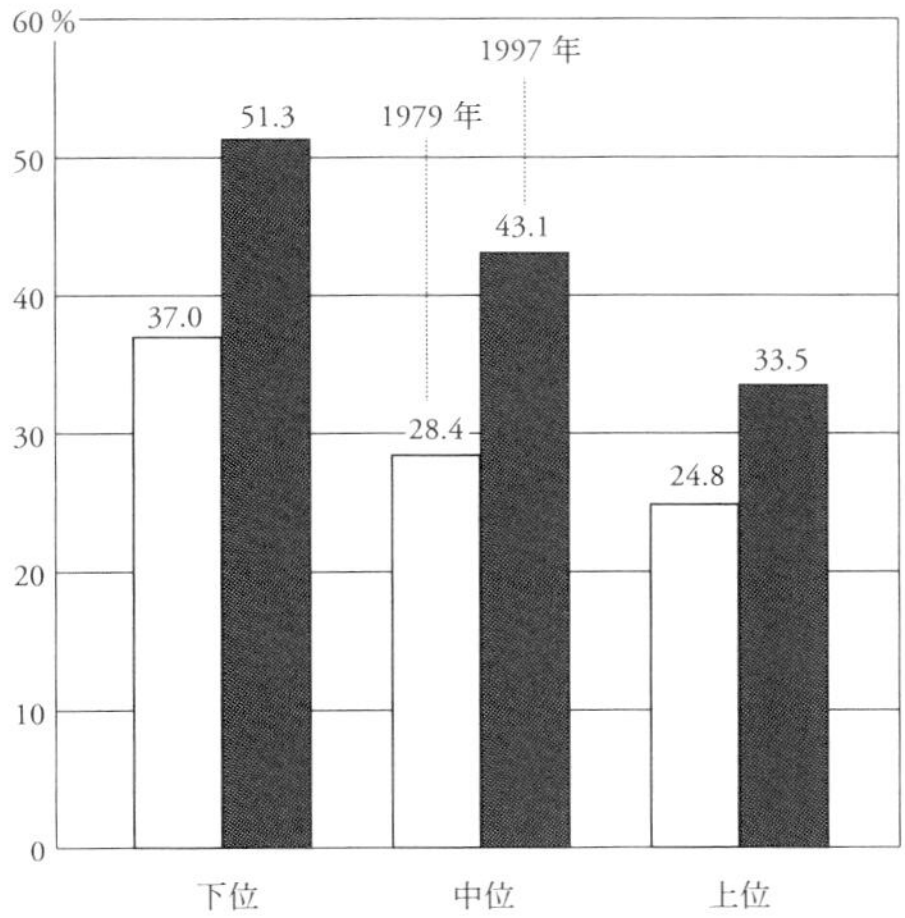

図 4-9「落第しない程度の成績でよい」（社会階層グループ別）
（苅谷、2004, 217）

むろん就職の問題は教育問題というよりは雇用問題である。だが、かつてのように社会的地位が向上するという目標が与えられないままに、子どもたちが意義のわかりにくい勉強に駆り立てられているとするならば、これを見過ごすことはできない。現在進められている「キャリア教育」の多くは、あらかじめ限定された少ないパイ（雇用）を奪い合うようなものになっている。

苅谷剛彦（二〇〇二）は、「ゆとり教育」では家庭環境の差がダイレクトに成績に反映されやすいため、社会階層の再生産と格差の拡大を進行させると指摘した。子どもたちの校外学習時間や学習への意欲は、過去と比較するといずれも減っている。しかしその減り方を社会階層別にみると、上位層より下位層の方が減少の割合が高い。親の階層や学歴によって子どもの学習意欲は異なるのだから、全て子どもの自由に任せてしまうと、階層や学歴は高い確率で再生産される。だから学歴取得による階層移動を起こりやすくするためには、誰にとっても教育機会が平等である必要がある。「ゆとり教育」はこの機会を奪ってしまうというのだ。

ところが現代日本では、新自由主義的な競争原理を教育にも導入して、学力テストの成績によって公的資金の投入に差をつけようとしている。上位層には手厚く、下位層は実績を残していないのだから投入資金を削減する。こうした政策は、少なくとも二つの意味で本末転倒である。

まず社会的再生産の観点から。再生産を抑止し競争を平等にするためには、本来は学力テストの成績が低い層により手厚い支援を行わなければならない。にもかかわらず新自由主義的な競争原理を教育に持ち込み、学力テストの成績上位層に手厚い援助を、下位層には支援の削減をという政策を実施していくならば、格差は広がる一方であろう。それによって社会に不満を持つ層が増えるならば、それは社会全体にとってはリスクとなる。階層の再生産と格差の拡大を抑止するならば、成績上位層のうち経済的に恵まれない者には奨学金等の支援を行いつつ、むしろ成績下位層が多い地域にこそ手厚く資金を投入しなければならい。

次に国力向上の観点から。私は教育を経済の道具にするような発想は支持しない。しかしそれでも、現在の教育政策は、結果的に日本の国際的競争力を低下させるといわざるを得ない。上位層を支援して中位層や下位層を切り捨てることは、全体として国民の文化水準が落ちることにつながるからである。

学力向上は国力向上か？

学力向上が必ずしも国力の向上にはつながらないのではないか、という点をさらに検討したい。一般には、学力の向上は国力の向上につながり、逆に学力低下は国力低下につながると考えられてきた。例えば、ソ連の人工衛星打ち上げ（一九五七）に衝撃を受けたアメリカが、理数系を中心とする教育に力を入れるようになった転換である「スプートニク・ショック」が有名だろう。レーガン政権下で出された報告書『危機に立つ国家』（一九八三）も、同じく経済の発展という観点から教育改革を求めるものだった。日本でも池田内閣の「所得倍増計画」（一九六〇）は教育改革をともない、結果として「詰め込み教育」をもたらしたといわれる。

「ゆとり教育」批判の口火を切った『分数ができない大学生』（岡部他、一九九九）の著者たちも同様に学力と国力を結びつける立論をしている。著者の岡部恒治と戸瀬信之は数学者、西村和雄は経済学者であり、確かに大学で経済学を学ぶには高校までの数学が前提となるから、「最近の大学生は数学どころか算数さえできなくて困る」というのは大学教員の愚痴としてはありがちな話である（私も教育学を学ぶ学生には、高校で世界史や日本史をきちんと勉強してきて欲しいと思う）。しかし大学教員は高校に、高校教員は中学に、中学教員は小学校に、小学校教員は幼稚園に、幼稚園は家庭に、もう少しきちんと教育して欲しいと常に願うものだ。著者たちもそれでは根拠が弱いと気づいていたのだろうか。彼らは徐々に、数学力の低下が日本経済の国際競争力の低下につながるという論に移行していく。

ＰＩＳＡやＴＩＭＳＳといった国際的な学力テストの結果を危惧する世論も、「学力＝国力」という同じ図式を有している。二〇〇三年一二月一三日、文部科学省は全国学力・学習意欲調査の結果を発表した。そこでは、算数・数学・社会で全ての学年で前回より得点の低下が見られた（中井編、二〇〇三）。二〇〇四年に、ＯＥＣＤ生徒の学習到達度調査（PISA 2003）、国際数学・理科教育調査（TIMSS 2003）といった国際調査の結果が発表されると、日本の点数低下がさらに問題となる。同年、中山成彬文部科学相（当時）は小泉純一郎首相（当時）に、「全国学力テスト」の復活を柱とする学力向上策を示した。その後の状況は、第Ⅰ部で論じてきた通りだ。

だが、学力向上は人材流出を招く。高い学力を有する子どもは、地方を捨てて都市に出る。そもそも地方には高い学歴を必要とする職業が都市部ほど多くはない。明治以来の日本はこうして、優秀な人材を地方から東京を中心とする都会に吸い上げてきた。

だがこの構造はもう維持できない。これまでは日本国内ですんでいたが、グローバル化の進行によって、人材は海外に流出していくだろう。すると結局、日本人の学力を高めれば高めるほど、優秀な人材は日本から出ていくことになる。欧米で活躍した明治のエリートたちは、その成果を日本に還元しようという気概に満ちていたが、現代ではそんな期待はできない。

であれば学力向上は結局、日本の国力を高めるどころか低下させることになるのではないか。「学力日本一、そしてわが県からは誰もいなくなった」という現在の状況は、このままでは「学力世界トップ、そして日本からは誰もいなくなった」という将来につながりかねないのである。

可視化される監獄

では、立身出世も国力向上ももたらさないとするならば、現在のテスト政策は何のために行われているのだろうか。フランスの哲学者ミシェル・フーコーの説を参照しつつ考えよう。フーコーは『監獄の誕生』において、近代社会は「規律訓練型権力」によって成り立っているという。マルクス主義は、国家や軍隊、警察が権力を独占して、人々を強制的にしたがわせていると考えた。マクロで実体的な権力論だ。それに対してフーコーは、権力とはもっと微細で目に見えない作用だと考えた。ミクロな作用としての権力論である。人々は自分自身で、自分を縛っているのだ。

規律訓練型権力を象徴するのが、功利主義で有名なジェレミー・ベンサムが考案した一望監視型の監獄である。この監獄では中央に監視塔が、その周囲に独房が配置されており、監視塔から独房の内部を見ることはできるが、独房からは監視塔に人がいるかどうかはわからない。パノプティコンと呼ばれるこの一望監視装置では、いつ自分が見られているわからないため、囚人は自分で自分を律するようになる。フーコーによれば、学校や軍隊や工場や病院は、この監獄に似ている（フーコー、一九七七、二二七頁）。

〈一望監視装置〉は、見る＝見られるという一対の事態を切り離す機械仕掛であって、その演習場の建物の内部では人は完全に見られるが、決して見るわけにはいかず、中央部の塔の中からは人は一切を見るが、決して見られはしないのである。

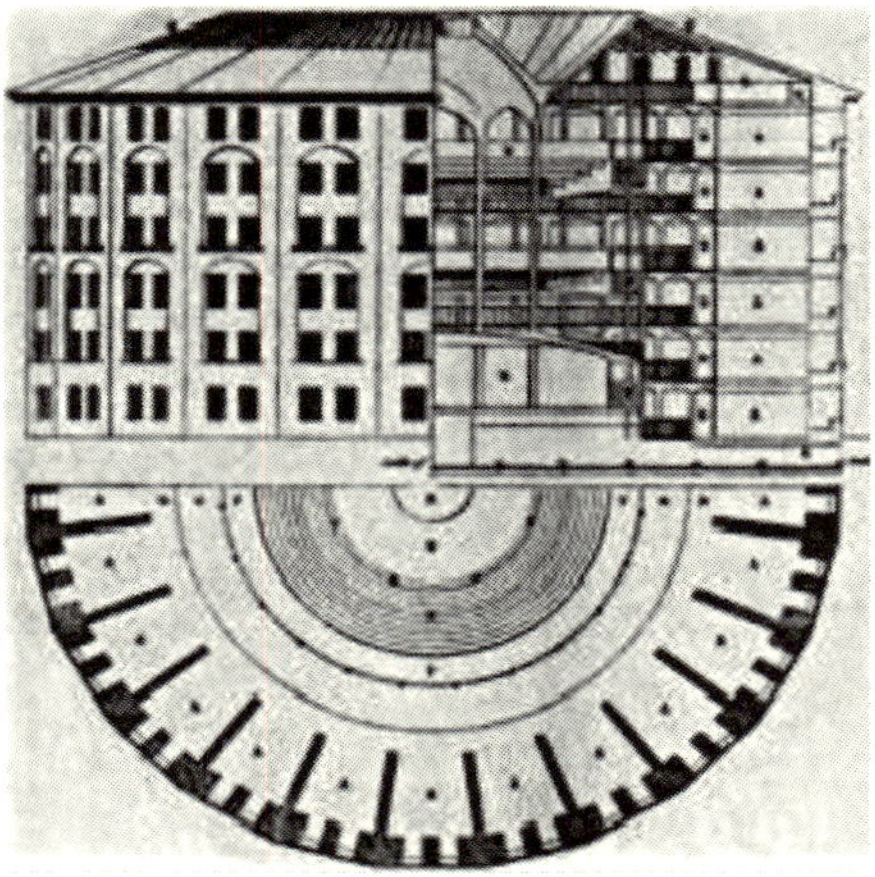

図 4-10　「パノプティコン」
（フーコー 2006: 75）

これは重要な装置だ。なぜならそれは権力を自動的なものにし、権力を没個人化するからである（フーコー、一九七七、二〇四頁）。

規律訓練型権力は、監視・処罰・試験という道具を用いる。教育でいえば、教師だけでなく教師の依頼を受けた優秀な子どもまでもが、他の子どもたちを監視して逸脱を抑止する。規則に従わない子どもは処罰される。そして試験によって個々人を特定の尺度によって評価し、分類し、位置づけ、記録する。試験は「権力の新しい様式の出現を明示する」とフーコーはいう（フーコー、一九七七、一九四—九五頁）。かつては記録の対象でなかった一般大衆を個人化し、他との比較の中で記述することを可能にするからである。

試験こそが、階層秩序的な監視と、規格化を行なう制裁とを結びつけることで（中略）、大がかりな規律・訓練的な機能を確保する。（中略）規律・訓練は試験によって儀式化されるのである（フーコー、一九七七、一九五頁）。

学力テストを受けるのは子どもたちなのだから、こうした事態は大人には関係ないのだろうか。そうではない。フーコーによれば、近代的個人は、規律訓練型権力による主体化＝服従化を経て形成される。伝統的な権力は自分を誇示し、見られることで力を行使する（西洋中世の貴族や神父、日本では江戸時代の藩主などを想像して欲しい）。それに対して近代的な規律訓練権力は、自らを不可視化しつつ、相手に可視性を求める。試験は、結果を数値化することで、それを受けたものを「みられる側」として客体化する装置なのである。

規律・訓練における個人を服従強制の状態に保つのは、実は、たえず見られているという事態、つねに見られている可能性があるという事態である。しかも試験とは、権力が自らの強さの表徴を明らかにする代わりに、また自らの標識を当の相手〔＝主体〕に押しつけるかわりに、ある客体化の規制のなかで当の相手を捕まえる場合の、そうした技術である（フーコー、一九七七、一九〇頁）。

天野郁夫はフーコーを参照しながら、明治期日本における試験制度は、フーコーが分析したフランス以上に純粋な形で、児童生徒のみならず教師や学校の「監視装置」として制度化されたという（天野、二〇〇七、二六九頁）。とはいえ天野の分析は一九二〇年代までで留まっており、全国一斉の学力テストや知能テストの部分的に盛り上がりに触れながらも、「わが国には標準テストは、制度として根づかなかった」と結論づけている（天野、二〇〇七、三七七頁）。

しかし第Ⅰ部で見てみたように、現在の学力テスト体制では都道府県や全国レベルの学力調査が毎年実施されている。テスト体制が根づきつつあるのである。子どもだけでなく教師も学校も自治体も「監視される側」であることは明治以来、変わっていないのかもしれないが、規模と継続性において、かつてない事態が生じているといっていい。

この権力の不気味さは、権力の行使者の姿がみえないことである。悪いのは教員なのか、教育委員会なのか、文部科学省なのか、テスト業者なのか、学者なのか。マルクス主義的な権力論では、権力とは国家が独占するものであり、国家は軍隊や警察や教育で民衆を支配すると考える。だから管理から逃れるためには、そうした権力とその手先と戦えばよいのだった。だが規律訓練型権力論では、権力は自分と異なる外部にあるのではなく、私たち自身のうちで作用する。責任の所在主体が曖昧なままに、全てが数値化され可視化され、私たち自らが制度に服従することによって、システムが維持される。だから尾崎豊の歌詞のように、放課後に学校の窓ガラスを壊して回ったり、盗んだバイクで走り出しても解決にはならない。

現代の学校は、常に評価にさらされている。学力テストだけでなく、児童生徒の満足度、保護者へのアンケート、教育委員会からの調査等々、記録される文書は枚挙にいとまがない。大学も同様である。自己評価、第三者評価、学生による評価、経費はもちろんシラバスまでがチェックリストにしたがって評価される。膨大にふくれあがった書類の処理に多くの時間が費やされ、いった自分は何のために研究教育職に就いているのか疑問になることもある。国立大学の場合、毎年一％の経費削減を求められるばかりか、六年ごとの中期目標・中期計画にしたがって評価がなされる。もちろん、こうした傾向はＰＤＣＡサイクルで常に改革が求められる企業でも同様だろう。

では何のために、私たちは客体化され数値化されるのか。一体誰にみられているのか。学力テスト体制は、こうしたみえない権力の不気味さを象徴的に表している。

「学力向上」の名のもと進行しているのは、かつて無いほど大規模な管理主義なのである。

参考文献

天野郁夫（二〇〇五）『学歴の社会史―教育と日本の近代』平凡社ライブラリー
天野郁夫（二〇〇七）『試験の社会史―近代日本の試験・教育・社会』平凡社ライブラリー
イリッチ，イヴァン（一九七七）『脱学校の社会』東洋・小澤周三訳、東京創元社
ウィリス，ポール・E（一九九六）『ハマータウンの野郎ども』熊沢 誠・山田 潤訳、ちくま学芸文庫
岡部恒治・西村和雄・戸瀬信之（一九九九）『分数ができない大学生―21世紀の日本が危ない』東洋経済新報社
苅谷剛彦（一九九五）『大衆教育社会のゆくえ―学歴主義と平等神話の戦後史』中公新書
苅谷剛彦（二〇〇一）『階層化日本と教育危機―不平等再生産から意欲格差社会へ』有信堂高文社
吉川 徹（二〇〇九）『学歴分断社会』ちくま新書
小玉重夫（二〇〇三）『シティズンシップの教育思想』白澤社・現代書館
佐藤俊樹（二〇〇〇）『不平等社会日本―さよなら総中流』中公新書
高木八尺・末延三次・宮沢俊義編（一九五七）『人権宣言集』岩波文庫
竹内 洋（一九九五）『日本のメリトクラシー―構造と心性』東京大学出版会
竹内真澄（二〇一三）『諭吉の愉快と漱石の憂鬱』花伝社
仲新・持田栄一編（一九七九）『学校の歴史第一巻　学校史要説』第一法規出版
中井浩一編（二〇〇三）『論争・学力崩壊２００３』中公新書ラクレ
広田照幸（二〇一五）『教育は何をなすべきか―能力・職業・市民』岩波書店
福沢諭吉（二〇〇八）『学問のすゝめ』岩波文庫
フーコー，ミシェル（一九七七）『監獄の誕生―監視と処罰』田村俶訳、新潮社
フーコー，ミシェル（二〇〇六）小林康夫他編『フーコー・コレクション　フーコー・ガイドブック』ちくま学芸文庫
矢沢永吉（一九八〇）『成りあがり―矢沢永吉激論集』角川文庫

ヤング，マイクル（一九八二）『メリトクラシー』窪田鎮夫・山元卯一郎訳、至誠堂
ルソー，ジャン＝ジャック（二〇〇七）『エミール（上）』今野一雄訳、岩波文庫（改版）

第5章　学校知の限界と可能性

1　参加こそ学び？

状況的学習論

前章の冒頭では、二つの疑問をあげた。

疑問①　試験は、いやそもそも学校で学ぶ知識には、どのような意味があるのだろうか。
疑問②　どうして学力が高い方がよいこととされているのだろうか。

前章では疑問②を検討してきたので、本章と次章では疑問①を考えていこう。
学校で学ぶ知識には、どのような意味があるのだろうか。学校で学ぶ知識は正しいものとされ、普遍的に（いつでもどこでも誰にでも）通じるとされている。このような客観的・普遍的とされる知識を学ぶことにはどのような意味があるのだろうか。

私は毎年、「教育とは何か、何であるべきか」を学生に定義させ、議論させることから授業をはじめる。すると毎年、「学校で学ぶ知識には意味がない」、「試験中心の教育はおかしい」といった意見が出てくる。教育方法についても「座学をやめて活動中心の授業にすべきだ」とか「もっと体験学習を増やすべきだ」などという意見が多い。私もかつてはそうだったが、若者は前のめりで、すぐに「正解」を探そうとする。文部科学省もアクティブ・ラーニングなどと言い出しているご時世なので仕方がないのかもしれないけれども、せっかく大学に入ったのだから、少しゆっくり考えてみよう。

『世界図絵』などの教科書を作成し、近代教育の祖といわれる一七世紀の思想家コメニウスは、演劇を教育に取り入れたり、今でいう体験学習や社会科見学のようなものを行ったりと、三五〇年以上も前にさまざまな教育方法の革新を試みていた。学校教育においてアクティブな教育方法が登場したのは、何もここ最近の話ではないのである。しかも、私たちが実際に体験できることがらは限られているから、体験からだけ学ぶとすると、世界は極めて狭い限定的なものになってしまう。

少し遠回りだけれど、想像して欲しい。もし学校がなかったら知識はどのように伝達されるのだろうか。

認知科学者レイヴとウェンガーの状況的学習論はそうした問題を考察している。状況的学習論は徒弟制モデルをヒントに、学習のあり方を問い直すものである。レイヴらは「学習」とは「実践的共同体への正統的周辺参加」であるという。実践的共同体とは、仕事などの目的を持った集団であり、正統的周辺参加とはそこに新参者として参加することである。状況的学習論は、学習とは特定の状況に埋め込まれたものであり、共同体への参加自体が学習であると考える。状況的学習論は、従来の学習モデルとは以下のように異なっている。

従来の学習モデルは、学習を、個人が個人の外部にある知識（や技能）を内化していく過程と考える。このモデルでは、個人と知識（技能）は別々に存在していると想定される。学校の授業でいえば、教師が、教師自身や教科書が有している知識を子どもたちに与えていると考える。ここでは、学習とは知識を所有することであり、学習者（子ども）は知識を学ぶ（与えられる）存在である。小中高の授業の多く、大学の講義などを想像してもらえればわかりやすいかもしれない。

このモデルでは、教師は子どもたちよりも多くの知識を所有していると想定される。前述のコメニウスは、初めての絵入り教科書『世界図絵』をつくるなど教育方法の刷新にも力を注いだ。彼は自分の教育方法を印刷術に例え、教師が子どもたちという白紙に知識というインクを染み込ませていく過程として教育を語った（当時にあっては理想的に語られたメタファーだが、現代では悲しいかな「詰め込み教育」の元凶であると批判されることもある）。これはまさに、教師から子どもへ知識を受け渡しするモデルである。

こうした従来の学習観を、状況的学習論は問い直す。状況的学習論によれば、学習とは、個人がある実践共同体に参加することとそれ自体である。個人から切り離された外部に、知識や技能が存在するわけではない。ある実践共同体への参加によって、知識や技能と呼ばれるものを身につけたようにみえるだけである。

もう少し説明しよう。従来の徒弟制研究では、新参者（徒弟）は、熟練者（親方）の技能をまず観察し、次にそれを模倣することによって、仕事に必要な知識や技能を身につけると考えられていた。この図式では知識や技能は、個人とは切り離され、受け渡しが可能なものとされている。個人／知識（技能）の二元論である。しかも新参者（徒弟）は知識や技能を得て熟練者（親方）になるように、仕事の周辺から中心に向かっていくという一方向的な発達を想定していた。ここでも周辺と中心を二元論的に捉えている。レイヴらはこれらの二元論を問い直す。学習とは、実践共同体の実践に参加すること、彼らの言葉では「正統的周辺参加」それ自体なのである。

学習のカリキュラムは本質的には状況に埋め込まれたものである。それは単独で考えられるものではなく、また勝手な教え込み的（didactic）なことばで操作されるものではない。また、正統的周辺参加を形作る社会的関係から分離して分析できるものでもない。学習のカリキュラムは共同体の特徴なのである（レイヴ他、一九九三、八〇頁）。

レイヴらによれば、徒弟には（従来考えられたような）「模倣」の時期は存在せず、最初から仕事を与えられその実践共同体に参加している。親方に比べれば責任は小さいかもしれないが、雑用のような軽作業も仕事全体には欠かせない。その意味で、仕事には「正統的でない」参加は存在せず、全て正統的な参加である[1]。さらにレイヴらは、熟練者である親方も「周辺」の一部なのであり、決して「中心」にいるわけではないという。

ゼミならではの学び

レイヴらは学習と教育を厳密に峻別し、教育については多くを語らない。だが正統的周辺参加の図式を、あえて教育にあてはめてみれば、学習者はその実践共同体の参加者であり、教師は知識の伝達者ではなく、新参者と一緒に活動する古参の熟練者となるだろう。

大学のゼミはもともと徒弟制が発展したものなので、今も状況的学習論の図式が生き残っていることが多い。ゼミでは、教師が学生に一方的に知識を与えるわけではない。学生たちは、ゼミという実践共同体に参加することを自体によって、学習していく。異学年の交流によって、学生同士でお互いに学ぶことも多いし、私もゼミでは教師というよりは（だいぶ年は離れてはいるが）大学の先輩のように振る舞う。教師も学生も、同じ研究共同体に属していると考えるからだ。学生はゼミでは、仮に未熟だとしても一人の研究者として発表する。教師である私は学生に比べれば少しは研究に慣れているけれども、学生から学ぶことも多い（余談ながら、ゼミを経験せずに大学を卒業する学生が全国で一定数いるが、大学本来の醍醐味を経験できず誠にもったいないと思う）。

研究の世界では、学生（新参者）が教師（熟練者）を超えることは大いにあることだ。何を隠そう状況的学習論についても、私はゼミ生Fさんからいろいろと学んだ。もちろん、専門中の専門―私の場合はフロイト思想やポストモダン論―で学生に負けてはさすがに恥ずかしいけれども、新しい世代に私の研究が乗り越えられることはむしろ好ましいことだ。それこそ実践共同体を再生産していくためには必要なのだから。

レイヴらによれば実践共同体のあり方は常に変化していくので、新参者／熟練者も厳密に二分できるわけではない。「全ての人は、変化しつつある共同体の将来に対して、ある程度は『新参者』と見なすことができる」（レイヴ他、一九九三、一〇六頁）。そう考えれば、学界の重鎮をみる目も変わってくるかもしれない。そして研究の実践共同体は、所属するゼミや大学を超えて、世界的に広がっている。各大学は、大きな研究共同体の支部のようなものだ。

レイヴらは、「共同体ということばは必ずしも同じ場所にいることを意味しないし、明確に定義される、これとはっきりわかるグループを意味してもいない」という（レイヴ他、一九九三、八〇頁）。大学でいえば、各学問の専門分野とともに、近代大学のモデルを示したフンボルト理念―研究と教育の一致―が、大学という実践共同体を仮想的に結びつけているといえるだろう。

モデルと現実の間

ただし注意しなければならないのは、状況的学習論と従来の学習論をそれぞれ別々の「実体」としてとらえると、事態を見誤るということである。これらは抽象化されたモデルなので、現実にそのまま存在するわけではない。現実を理解する際の枠組みとしては重要だが、実際の現実はきれいに二分できるわけではない。

そもそもレイヴらは、徒弟制から多くを学びつつ状況的学習論（正統的周辺参加論）を構築しているが、これらの論は必ずしも現実の徒弟制を肯定するものではないし、歴史的に存在した徒弟制そのものではない。だから文部科学省や文科省に同調する研究者が、アクティブ・ラーニングを方法論として、安易に導入しようとしていることは問題視されなければならない。座学でもアクティブな学びは可能だし、活動的な授業でも参加者が積極的に学んでいないことは大いにあり得る。単なる形式的な区分ではなく、内実を問わなければならないのである。例えば、大学の授業にアクティブ・ラーニングを安易に取り入れようとする前に、そもそも大学での大人数講義のなかにいかに状況的学習論の要素がみいだせるかを考えるべきなのだ。

レイヴらは、数少ない学校に関する言及で、次のようにのべている。多くの高校では物理学を学んでいるが、それは物理学の実践共同体への参加、その再生産というよりも、学校という特殊な実践共同体への参加・再生産に過ぎない。実際に物理学の実践共同体に正統的周辺参加を果たし、共同体を再生産していくのは、大学院生になってからである、と（レイヴ他、一九九三、八二頁）。

この指摘は、学校教育を考える上で重要である。レイヴらは教育のカリキュラムと学習のカリキュラムを厳格に峻別する。学習はあくまでも正統的周辺参加なのだが、学校は本来意図しているものとは異なる実践を産みだしてしまっている（レイヴ、一九九三、七八頁）。

もし学校を学問の正統的周辺参加の場としたいのであれば、何よりも教師自身がそれより大きな（仮想された）研究共同体の一員でなければならない。願望を込めていうが、私としてはぜひそうなって欲しい。教師は知識人でなければならない。逆にクラスを、政治団体や宗教団体の下部組織としてはならない。それは政治団体や宗教団体の再生産であって、知の再生産ではないからだ。

では学校を、知を産みだす場にするにはどうすればよいか。具体例は次章で検討したいが、その前にまず、知識とは何かということを考えよう。

2　知識とは何か

知識は「世界の写し」か

そもそも、知識とは何なのだろうか。なぜ、試験の点数が高い方がよりよいこととされるのか。おそらく、より高い点を取っているということはよりたくさんの知識を持っているということで、その方が世の中をよく理解できるはずだ、という前提があるからだろう。以下ではこうした知識観を問い直してみたい。

もし知識が世界を鏡のように写しているのだとしたら、それを知れば知るほど、世界の成り立ちを理解できることになる。このように、知は世界を写したものだという考え方を「写像理論」という（ウィトゲンシュタイン、二〇〇三）。自然を数式によってあらわす自然科学は、写像理論の前提に立っている。写像理論の考え方は古くは古代ギリシャの哲学者プラトンに淵源を持つとされるが、教育学の世界では先に触れたコメニウスの思想に典型的にみられる（厳密には彼の真意は異なるのかもしれないが、ここでは深入りは避ける）。

コメニウスの教育思想には、世界は言葉で表すことができるという前提があった。彼は自らの立場を「汎知学（パンソフィア）」と呼ぶ。世界の全てを知として理解する立場だ。現代の教科書も彼の発想の延長線上にあるといっていい。コメニウスは、当時最新の技術であった印刷術を効果的に用いた。それまでの写本は手書きで非常に手間がかかり、そのため大変貴重だった。そして転記の間違いも多かった。それに対して印刷本は、正しい知識を広く普及することを可能にする画期的なメディアだった。

しかしもし、言葉が世界を正しく映し出す、という前提が間違っていたらどうだろうか。コメニウスのように、あるいは現代の教科書のように、知識を得て世界を学ぶ、という前提が崩れてしまう。

最初に世界があってそれを言葉が写すのではなく、言葉があるから世界がある―このような発想の転換を「言語論的転回」という。ソシュールやウィトゲンシュタインの言語学がきっかけとなって広まった思考法だ。私たちは通常、まずモノがあって、それに名前があると考える。言語論的転回とはそれとは逆に、名前が付いたときにモノははじめて存在すると考える。言葉（あるいは観念）によってそれが名付けられていない間、私たちはそれを認識することができない。

例えば、日本語を用いる私たちは「蝶」と「蛾」を区別する。英語でも butterfly と moth という語があるし、私たちはこの区分を当たり前だと感じる。しかしフランス語ではこの両者は、papillon（パピヨン）として一括りになってしまう（鈴木、一九九〇、四九頁）。

また、太宰治の小説「津軽」の冒頭には、次の一節が引かれている。「津軽の雪／こな雪／つぶ雪／わた雪／

みづ雪／かた雪／ざらめ雪／こほり雪」。私は関東で生まれ育ったので、何種類もの雪を区別するという発想はなかったけれども、なるほど雪国（新潟県上越市）に暮らしてみると、「津軽」ほどではないが雪の違いが少しはわかるようになった。天気予報でも（全てではないが）「乾雪」と「湿雪」を区別していた。乾雪は、雹のように音を立てて降る、丸くて堅い粒状の雪。湿雪は音もなくしんしんと降り積もる、水分を含んで重たい、綿のような雪。そもそもこの二つでは雪かきの苦労が全く異なるので、起床時間も変わらざるを得ない。乾雪は大きな音を立てて降るので夜はうるさくて眠れないが、雪かきは多少楽だ。湿雪は音もなく降るので静かだが重たくて雪かきはつらい。同じ雪なのだが、概念があると区別して理解できるようになる。

社会学者の橋爪大三郎は『はじめての構造主義』で次のようにのべる。

「オオカミ」でもない「山犬」でもないものとして「犬」がいる。もしも日本語を知らなかったら、どうだろうか。たしかに、「犬」と呼ばれていたあのアイツは、やっぱり存在するだろう。しかしそれは「オオカミ」や「山犬」と呼ばれていた別のアレと、必ずしも区別できなくなっている。「犬」という言葉がなければ、もうあのアイツを「犬」として体験することなどできないのだ（橋爪、一九八八、五一頁）。

言語論的転回以後の学習観

では、言語論的転回以後の立場では、知識はどのように考えられるのだろうか。

写像理論の知識観では、私たちは学べば学ぶほど新しい知を得て、真実に近づくとされる。その真実への接近は、知識の量として測られる。ある事柄について知っているとか、その知識に基づいて何らかの行動が可能である、

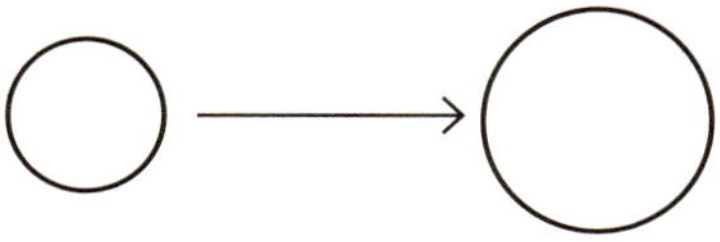

図 5-1　写像理論の知識観
学ぶと自分が同心円状に広がる

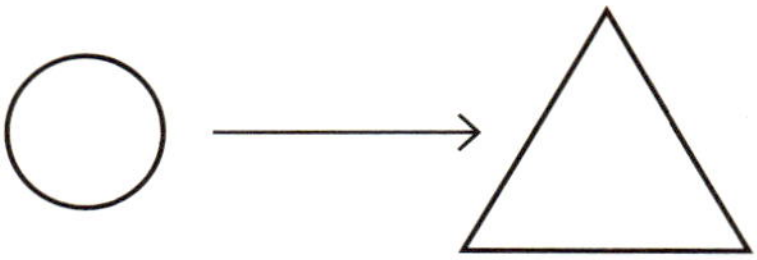

図 5-2　言語論的転回以後の知識観
学ぶと自分の形が変わる

などだ。これはパソコンに例えれば、新しいデータ（例えば画像ファイル）をハードディスクに取り込んだり、新しいソフト（ワープロソフトとか表計算ソフトとか）をインストールして、新しい作業ができるようになるようなものだ、といっていい。写像理論の知識観では、学んだ人は同心円状に広がっていく。成長拡大はあくまでも量的なものである。新しい知識や技術を身につけることは、自分を拡大はするが、「自分の形」そのものを根本から変えるわけではない。

それに対して、言語論的転回以後の立場では、新しい知識を得ることによって、「自分の形」そのものが変わってしまうことがあると考える。世界は言葉でできているため、新しい言語＝知識を知ることが、自分と世界のありようを大きく変えるのだ。それはパソコンに例えれば、新しいデータやソフトを入れるのではなく、基本ソフトであるOS（Windowsとか、Mac OSとか）自体をアップグレードしてしまうようなものだ。

解剖学者の養老孟司は、大ベストセラー『バカの壁』で、「知る」ということは、世界の見え方が変わることだとのべている。その例としてあげられるの「ガンの告知」だ。ガンの告知を受けて余命半年だと告げられた人は、世界の見え方が変わってしまう。例えば昨日までみていた桜も、全く別のみえ方でその人には現れる。それは、桜が変わったのではなく、その人が変わったからだ。

知るということは自分がガラッと変わることです。したがって、世界がまったく変わってしまう。見え方が変わってしまう。それが昨日までと殆ど同じ世界でも（養老、二〇〇三、六〇頁）。

言語論的転回以後の知識観では、学ぶことで自己の組み替えが起きて、自分自身の形が変わることがある。そうして変わった思考のありようは、それ以前とは全く別様の動き方をする。宗教的な回心体験はその端的な例だが、日常的には「目から鱗が落ちた」という体験などがそれにあたるだろう。もちろん、よいことばかりとは限らない。ＰＴＳＤの発症につながるトラウマ的体験などは、強烈すぎてそれまでの世界把握を崩してしまうものだ。これはネガティブな例だが、その逆に、よい意味で世界の見方を変える体験もあり得るだろう。そして一度変わった自分と世界は、それ以前に戻ることはできない。

デカルトの世界とハイデガーの世界

写像理論と言語論的転回以後の知識観について理解を深めるため、それぞれに近似した立場を取る代表的な哲学者の説を検討しよう。

一人は、近代科学の前提となる主客二元論を示したルネ・デカルトである。主客二元論とは、認識する主体と認識される客体を区分して考える思考法である。デカルトはモノを認識する主体は精神（思惟）であり、身体は客体と同じくモノ（延長）であると考えたので、主客二元論は心身二元論とも通底する。

大ざっぱにいえば、デカルトは世界を、自分とは関係ないモノとして認識できると考えた。あたかも自分が神であるかのように（「神の視座」）、客観的に物事を把握できると考えたのである（デカルト、一九六四、九七頁）。

主体（自分）と客体（世界）を二分して考えるデカルトの世界観は、近代科学、特に自然科学の基礎となった。自然（客体）は観察者（主体）とは無関係に、それ自体として存在している。だから科学的実験は、条件が同じであれば実験者にかかわらず同じ結果が出るはずである。デカルト的世界観では、教科書が客観的・普遍的な知識を記したものであれば、それを用いて教えれば、子どもたちも普遍的・客観的な知識にたどり着く。コメニウスの『世界図絵』は「全ての人に、全てのことを」教えるものとされていた。世界が誰にとっても同じであり、知識がその世界を普遍的にとらえるものなのであれば、知識が多い方が世界をよりよく知ることになる。

ところがこうした近代哲学・近代科学の前提は、一九世紀末のニーチェや、彼の影響を受けた二〇世紀の哲学者たちにとって問い直されることになる。その代表者、マルティン・ハイデガーは、デカルトの二元論を根幹から問い直した。デカルトは、主体（思考するもの）と世界（延長するもの）を分けて考えたが、これは誤りだというのである（ハイデガー、二〇一三、四五九―四六〇頁）。ハイデガーによれば、人は「世界内存在」として世界に埋め込まれている。世界は、自分のあり方と無関係に存在するわけではない。むしろ世界はその人の一部であり、その人はその人の世界の一部なのだ（ハイデガー、二〇一三、三〇〇頁）

在野の哲学研究者として活躍した小阪修平は、デカルトの世界観とハイデガーの世界観を図のようにまとめている。デカルトは世界を客観的にみることができる。ハイデガーは世界のなかに捕らわれていて、世界を客観視することはできない。

二〇世紀哲学のうち、ハイデガーがそこに分類される現象学だけでなく、同じくニーチェの影響を受けた解釈学やポスト構造主義も、デカルト的な二元論と近代科学の客観主義を批判する。人文科学では、同じテクストも

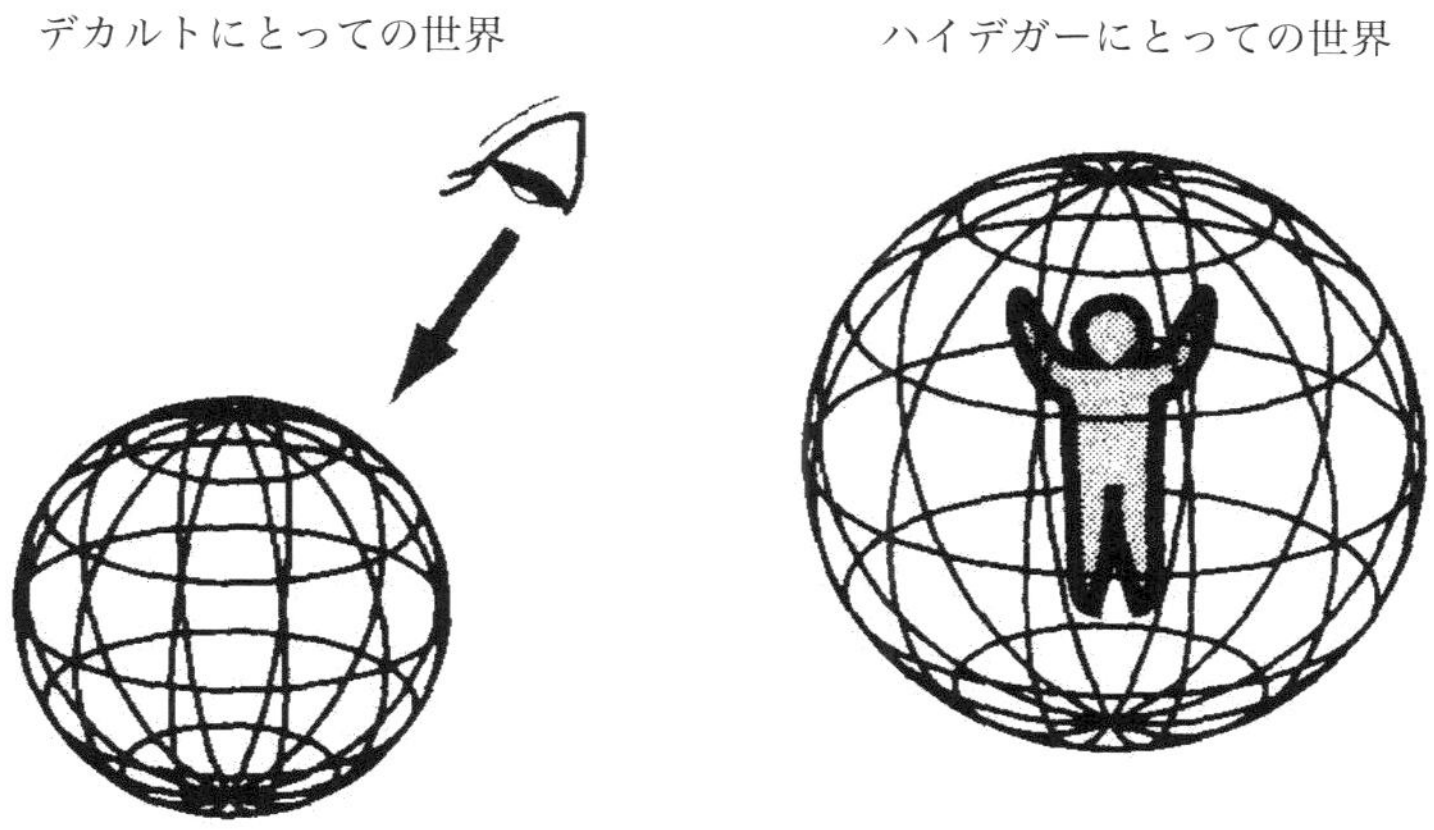

図 5-3　デカルトの世界とハイデガーの世界
（小阪 1995: 161）

読み手によって解釈が異なる。自然科学の領域でも、いわゆる観測者問題が浮上して、世界は観察者とは無関係に存在するのではないと考えられるようになった。教育でいえば、同じ指導案で授業をしても生徒が異なれば反応も変わる。

デカルト的な意味で世界を客観的に記述することは困難である。知識観・学習観もこの動向を踏まえて考え直す必要があるだろう。仮に、デカルト的に普遍的・客観的な知識を想定できるとしても、それが学ぶ者にとって有意義なものになるかどうかは、その内容をその人自身の世界に関係するものとみなすかどうかに関わってくる。

ここで、本章の冒頭に立てた問いに戻りたい。

学校で学ぶ知識、客観的・普遍的とされる知識を学ぶことには意味がないのだろうか。この疑問には、ひとまずはこのように答えたい。客観的・普遍的とされる知識は、その人に関係するとその人が考える場合において、意味を持つ。このことは、生活とは関係のないように思える知識を学ぶ必要はない、ということではない。普遍的とされる知識は、その人の生きる世界に関わることによって、意味を持つからだ。

レイヴとウェンガーは、いわゆる一般的知識・抽象的な知識は、特定の状況と結びつかない限り意味をなさないという。

> いわゆる一般知識といえども、特殊な状況でしか通用しない〔中略〕。一般性というのはしばしば抽象的表現や脱文脈性と関連づけられる。しかし、抽象的表現は手近な状況に特定化されないかぎり意味をなさない。〔中略〕この意味で、「抽象性の力」というのは全く状況に埋め込まれたものであり、人びとの生活のなかにあり、それを可能ならしめる文化のなかにある（レイヴ他、一九九三、八頁）。

高校の世界史や倫理、政治・経済で学ぶ、ヨーロッパの市民革命に関する知識を考えてみよう。アメリカ独立宣言やフランス人権宣言に、普遍的な人権の思想が表明されていること、それをただ暗記するだけでは意味がない。それを学ぶ人の世界の一部として、現代における差別や人権侵害の問題と関連づけられてこそ、意義があるといえる。

また、教員採用試験で問われる基礎知識の一つに「児童中心主義教育」という概念がある。子どもの発達や興味、自発的な活動や経験を重視して、子どもの立場から教育を考える教育観である。採用試験の一定部分は一問一答式のものなので、暗記すれば試験自体はパスできる。しかし本来は、「児童中心主義」を自分の教職観の一部として自分のものにすることによって、教師としての振るまい方が変わることが求められているのだろう。児童中心主義の思考法が身についた教師は、子どもを傷つけたりはしないはずだ。

テスト対策でしばしばなされる暗記的な詰め込みは、知識を自分とは無関係なものと扱う。こうした知識は、その人のものになっていないのだから、日常的にほとんど意味をなさない。第I部で検討してきた学力テスト体制では、ただ点数にのみ着目するだけで、知のありよう自体を問うことができない。

だが、本章で検討してきた言語論的転回以後の知識のあり方、ハイデガー的な世界との関わり方を踏まえていえば、私たちは世界の観察者ではなく参加者であり、その一部である。私たちが新たな観念を学ぶことによって、世界のあり方は変わってくる。このように考えると、テスト対策とは異なる教育のあり方が開けてくるのではないだろうか。

では、言語論的転回以後の知識観を体現する教育とは、どのようなものなのだろうか。次章で検討しよう。

注

1　本書の著者の一人である小笠原喜康は「正統的周辺参加」という訳語が誤解を与えるとして、Legitimate Peripheral Participation は「周辺的正当参加」と訳すべきだという（小笠原、二〇〇八）。

参考文献

ウィトゲンシュタイン，ルードヴィヒ（二〇〇三）『論理哲学論考』野矢茂樹訳、岩波文庫

小笠原喜康（二〇〇八）「学習観の転換――レイブとウェンガーの「状況化された学習：周辺的正当参加」論の意義」大田直子・黒崎勲編『学校をよりよく理解するための教育学6　教育学の基礎教養』学事出版、六三―九一頁

小阪修平（一九九五）『はじめて読む現代思想Ⅰ水源篇―真理なき時代の哲学』芸文社

コメニウス，ヤン・アモス（一九九五）『世界図絵』井ノ口淳三訳、平凡社ライブラリー

鈴木孝夫（一九九〇）『日本語と外国語』岩波新書

太宰治（二〇〇四）『津軽』新潮文庫

デューイ，ジョン（一九九八）『学校と社会 子どもとカリキュラム』市村尚久訳、講談社学術文庫
デカルト，ルネ（一九六四）『哲学原理』桂寿一訳、岩波文庫
ハイデガー，マルティン（二〇一三）『存在と時間（一）』熊野純彦訳、岩波文庫
橋爪大三郎（一九八八）『はじめての構造主義』講談社現代新書
フロイト，ジクムント『夢判断』高橋義孝訳、人文書院
養老孟司（二〇〇三）『バカの壁』新潮新書
レイヴ，ジーン&ウェンガー，エティエンヌ（一九九三）『状況に埋め込まれた学習―正統的周辺参加』佐伯胖訳、産業図書

第6章　書くことは世界を変える

1　自由になるために書く

『フリーダム・ライターズ』

前章では、学校で学ぶ知識には、どのような意味があるのかを問いなおすために、状況的学習論と言語論的転回以後の知識観を検討した。やや抽象的な話だったので、この章では具体例を検討しよう。

最初に紹介したいのは、アメリカの高校の実践例で、映画化もされている『フリーダム・ライターズ』である。映画のあらすじを紹介しよう。

人種差別への怒りが暴発し多くの死傷者が出たロサンジェルス暴動から二年後の一九九四年、カリフォルニア州ロングビーチの公立高校に新人の白人女性教師エリン・グルーウェルが赴任してくる。そこは人種間対立と暴力に荒れる地域で、黒人とヒスパニックのギャング同士が抗争を繰り広げている。子どもたちも銃を所持して放課後はこの抗争に参加する。ドラッグの売人をしている生徒もいる。この貧困地域の高校生たちは、小学五年生程度の読み書き能力しかない。能力別学級編成で、優秀なクラスは白人ばかり。出来の悪いクラスは有色人種が集まり、常に学級崩壊状態である。英語教師のエリンは、教科書通りにホメロスの詩を教えようとするが、生徒の興味を引かない。

ある日、人種差別的な落書きを叱責したエリンは、生徒たちが「ホロコースト」という言葉を知らないことに気づく。エリンはナチスの差別政策と蛮行を教えながら、『アンネの日記』を生徒たちに与え、生徒たちにも日記を書いてみるように勧める。そうして綴られた生徒たちの日記には、暴力と差別と貧困の日常が記されていた。

生徒たちは人種差別と公民権運動の歴史を学びはじめる。アメリカ南部では二〇世紀半ばになっても、白人と有色人種で公共施設や交通機関が分けられていた。一九六一年、人種差別に反対したグループは黒人白人の混成グループで長距離バスに乗り込み南部に向かう。途中多くの苦難に見舞われながら、グループは拡大していき、最終的に公共交通機関の人種隔離撤廃を勝ち取ることになる。彼等は自分たちを「フリーダム・ライダーズ」と呼んだ。これに感銘を受けた生徒たちは、自ら「フリーダム・ライターズ」と名乗り、自分たちの日記を出版する。映画の原作となったのはこの日記本である（エリン他、二〇〇七）。

教育は自由をもたらす

以上の例を状況的学習論から読み解いてみよう。すると子どもたちが、二つの実践共同体の間で揺れ動き、徐々に移行していくことがわかる。

第一の実践共同体は、子どもたちの生まれ育ったコミュニティである。子どもたちは親や友人から、人種間の争いは必然として日常的に示されている。実際に一歩外に出れば、人種グループ間の抗争が絶えない。それは親の世代から受け継がれているものだ。映画の冒頭では、学校外の人種間の争いが学校内にまで持ち込まれてしまう。

第二の実践共同体は、エリンのクラスである。エリンの教室では人種間の抗争を持ち込んではならないとされ、生徒たちは地元のコミュニティの争いから保護される。そしてエリンから「ホロコースト」という人種差別による大虐殺が過去にあったことを学ぶ。『アンネの日記』を読み、ユダヤ人であるという理由で差別され、迫害され、死んでいった人たちが数多くいることを知る。またアメリカにおける人種差別の歴史と、それに反対した公民権運動の歩みを知る。

教室で学ぶ内容は、ナチスのユダヤ人虐殺であり、アメリカの人種差別とそれとの戦いといった歴史的な事実であるが、それは生徒たちが生きる現在の世界にオーバーラップする。差別は時と場所を越えて現在も続いている。

　アンネ・フランクと同じように、あたしも家にとじこめられてつらい生活を送っている。家の外はギャングの戦場だし、そんな争いの犠牲者にはなりたくないから。部屋に腰かけて、こんな狂気の世界からどこか遠くへ飛んでいけたらなあと思うばかり。つらいことを書いても、ますますつらくなるだけだ（エリン他、二〇〇七、二〇一頁）。

結果、エリンのクラスの生徒の多くは、地元のコミュニティから距離を置くことになる。ドラッグの密売をやめ、銃を捨て、抗争から離脱する。大学に進学する者も数多く出てくる。

クラスだけは別世界

『フリーダム・ライターズ』では、「書くこと」が重要な役割を果たしていた。生徒たちの日記は、身の回りの世界を自分で取捨選択して整理し、文字に記すことによって自分自身に示してみせた。それによって子どもたちは、自分の所属する共同体を客観視できるようになる。

話し言葉は、特別な教育を受けなくても、家族や身の回りの人々と話しているうちに、ごく自然に身につけることができる。だが、文字の読み書きは、意図的に訓練を行わなければ身につけられない。義務教育とは何より、文字の読み書きを身につける場である。だから識字率の調査は、義務教育の普及率（制度的な普及ではなく、実際に学校に通うことができているかどうか）の指標となる。

もっとも現代では、単に読み書きができるというだけでは足りない。教育哲学者の森田伸子は現代のアメリカやフランスを例に、次のようにいう。現代では、文字そのものが全く読めないという伝統的な文盲はほとんどいない。簡単な文章であれば、現代では誰もが読むことができる。ただし、大人向けの小説や新聞記事になると、文字そのものを読むことができても、全体を理解して説明することができなくなる人が増えてくる。この分断は学習内容でいえばちょうど中学と高校の境目にある。文章を多様な視点を読解できるかどうかの分かれ目である（森田、二〇〇五、一二一―一四頁）。

文章を多様な視点で読むことができるということは、自分たちをとりまく現実を解釈する際にも、批判的にみてみたり、客観視してみたりといった反省的な思考ができることを意味する。書くことは、自分の所属するコミュニティを客観視させ、相対化させ、そこからの離脱を可能にする。

『フリーダム・ライターズ』の実践を、正統的周辺参加論から読み解くならば、ここには、文字を介さない実践共同体から、文字を介した実践共同体への移行であると考えられる。

まず最初からあるのは、人種ごとに別のグループを形成し、争いを続けている地元のコミュニティである。子どもたちは最初から、この実践共同体に参加している。憎しみは親から子の世代にも引き継がれ、再生産される。ヒスパニックの父は娘にいう。「自分たちはずっとそうやって、自分たちの人種を守り、黒人と戦って生きてきた。お前も掟に従い、仲間を守り、敵と戦え」と。またこの実践共同体と重なって、若者の間でギャングが形成されている。一定の年齢になった子どもたちは、暴力をともなう通過儀礼を経て、ギャングの一員になり、抗争に参加する。

もう一つは、後から形づくられるエリンのクラスである。地元コミュニティの外部者である新任教師が、子どもたちとともに形成していった実践共同体である。生徒たちは身の回りのことを日記に記し、回し読みをすることによって、問題を共有する。時代や歴史を超えた作品を読みながら、それと自分の生活を比較して考察し、文章化する。そしてそれによって、自分をとりまく世界を批判的に問い直す。この実践共同体では、差別は許されることではなく、一人ひとりが自分と世界を変えていくことが出来るとされる。

そして実際、『フリーダム・ライターズ』の生徒たちは、自分と自分たちの世界を変えていく。ヒスパニックの少女エヴァは、コンビニでの銃撃事件に出くわす。アジア系の被害者を撃ったのは、エヴァと同じ人種の仲間パコだが、黒人のグラントが誤認逮捕されてしまう。しかし服役中の父親はエヴァに、人種間の争いの一環として偽証をして、自分の仲間を守るのが民族の掟だという。エヴァは、罪を黒人になすりつけようとする仲間や自分の家族と、無実の罪を着せられようとしている被疑者の家族との間で揺れ動き、戸惑い、最終的に決断する。

「民族の血を裏切ることはできない！」と、あたしはくり返しくり返し教えこまれてきた。あまりにも深く刻み込まれているので、証人席にすわっても、まだ同じ言葉が頭をめぐっていた。「民族の血を裏切ることはできない！」けれど、その「家族」や「仲間」があたしを人生最大のピンチに立たせているのだ。あたしの気持ちは変わりはじめた。〔中略〕

あたしは母さんの姿を見て、生まれて初めて、今まで変わらずにいたものを変えられると確信した。そしてパコをまっすぐに見すえ、あたしはいった。

「パコです。パコが撃ちました！」（エリン他、二〇〇七、九四—九六頁）

『フリーダム・ライターズ』の子どもたちが生まれ育った環境には、争いや差別が埋め込まれていた。そうしたなか、正義や平等について学び考える実践共同体に参加することは、自分を育んだコミュニティという実践共同体から離脱することを意味した。

2　自分の頭で考える

『山びこ学校』

子どもたちに自分の身の回りのことを文章化させて成長させる実践に、「どこかで聞いたような話だ」と感じた方もいるかもしれない。実はわざわざ海外に例を求めなくても、同じような試みは日本でも、しかも昔から行われていた。「生活綴り方教育」という、生活経験や感じ考えたままを作文として書かせ、自主的思考を促す活動である。生活綴り方は一九一〇年頃にあらわれ一九三〇年代にはブームになったが、戦争中には弾圧もあって下火になり、戦後の一九五〇年頃に再び流行した。

生活綴り方は教科書によって生活実態とかけ離れた知識を学ぶのではなく、自分たちの生活を言語化（文字化）していく。文体の指導は国語科に含まれる内容であり、実際に国語の授業で行われることも多いが、そこで育ているのは社会科学的な認識であり、特に戦後初期は社会科で積極的に行われた。現代では暗記科目の最たるものと思われる社会科でなぜ?と思われるかもしれないが、一九五八年に法的拘束力が生じるまで、学習指導要領は一つの目安(「試案」)に過ぎなかったし、初期の社会科は、現在の総合学習をさらに徹底したような科目だった(現代の社会科と対比して「初期社会科」と呼ばれる)。

生活綴り方の最も有名な例、一九五一年に出版された山形県山元村の新制中学校の作文集である『山びこ学校』をみてみよう。『山びこ学校』は戦後教育の金字塔といわれ、子どもの作文の一つは文部大臣賞を受賞する。一九五二年には今井正監督により映画化もされた。

師範学校を卒業したばかりの若き教師、無着成恭は貧しい農村の中学校に着任する。そこで無着は、綴り方教育に力を入れる。戦前とは異なる新たな民主的な社会を形成するという情熱がそこにはあった。子どもたちは自分たちの生活を文章化するよう求められるが、彼らをとりまく現実は今からは想像できないほど厳しい。戦後直後であるため家族が戦死している生徒も多い。子どもたちは学校に行かずに家業を手伝う。それでも生活はままならない。無着はこの寒村で、子どもたちに冷徹な目で、困窮の根源を見つめさせる。すると子どもたちは自分の目で、いくら働いても生活が楽にならない農村の構造、社会の矛盾を見通すようになる。百姓に教育はいらないという大人たち。理不尽な搾取。非合理的な民間信仰。

生活を楽にしようと思って、もがけばもがくほど苦しくなっていった僕のお母さん。そしてついに、その貧乏に負けて死んでいった僕のお母さん。そのお母さんのことを考えると「あんなに働いても、なぜ、暮らしが楽にならなかったのだろう。」と不思議でならないのです（無着、一九九五、二九―三〇頁）。

おひかりさまのことが私たちの学級で問題になりました。おひかりさまに入ると肥料をいれなくとも米がとれるということはほんとうでしょうか。（中略）

ほんとうにおひかりさまはよいものでしょうか。

私たちの組で、「おひかりさまに賛成できる人」といったら、だれもいませんでした（無着、一九九五、一二〇頁）。

大人と別の世界を生きる

『山びこ学校』や生活綴り方教育にはかなりの研究蓄積があるが、ここではレイヴらの正統的周辺参加論から読み解いてみよう。

教科書に収録されている知識は、日本全国どこに通じるように編成されている。もっといえば、地域の多様性を無視して「日本国民」という一つのまとまりをつくるために鋳造された知識である。都市と地方、都会と村の貧富や文化の差があまりに激しかった時代では特に、教科書は地方の生活実態と乖離していた。生活綴り方が主に農村や漁村といった地方の公立学校で特に広まったのは、当時の農漁村の現実と、中央からもたらされる教科書の内容があまりに乖離していたためである。そこで子どもたちに、自分たちの身の回りを見つめさ、それを文章化させる。地方には古くから伝わるしきたりも多い。子どもたちも仕事にかり出されている。

だが、綴り方で子どもたちが描き出す「村のリアル」とおとなが理解する「村のリアル」はズレがある。同じ村のはずなのに、子どもたちの作文では、大人が理解している村と別様に描き出されてしまう。大人たちは古くからの実践共同体の中で生きていて、そのこと自体に無自覚的だが、大人が当たり前のものとして生きている世界に対し、子どもたちは疑問符をつきつける。大人と子どもは別の世界を生きているのだ。大人たちからすれば、若い教師にそそのかされて村を批判する子どもたちの作文が、面白いわけがない。

『山びこ学校』は全国に知られるところになったが、だが無着の実践は、教師と子どもたちを新しい民主的な社会の形成者という「善玉」として、村の大人たちを旧弊を墨守する「悪玉」としてとらえているようにうつる。これに怒った村の大人たちによって、無着は村から追い出されてしまう。こうした対立は、生活綴り方が広まった多くの地域でみられた。

『山びこ学校』の舞台は、農村である。村という実践共同体は、自らの生存を目的としている。それに対して学校は、世の中に新しい秩序をもたらすことを目的とした実践共同体である。特に戦後間もない頃には、戦前から続く旧弊を駆逐し、新しい民主主義の世の中をつくっていくことが期待された。学校が理想を語れば語るほど、村と学校の対立は必然となる。学校は古い秩序を相対化して新しい秩序を形成しようとするので、このような構図はしばしば繰り返される。古い慣習に縛られた人を目覚めさせようとする人たちは、ソクラテスやキリストのように処刑されたり、その共同体から追放されたりする。ロビン・ウィリアムズ主演の映画『いまを生きる』(一九八九年、アメリカ）など、「熱血教師もの」の物語は最終的に夢破れてその学校から去っていくパターンが多い。無着は一九五三年に村を去り東京の大学に編入学する。

3　啓蒙の実践共同体

僕らが旅に出る理由

では、『山びこ学校』の子どもたちはその後どうなったのだろうか。ドキュメンタリー作家の佐野眞一（二〇〇五）は、『山びこ学校』から約四〇年後の一九九〇年初頭に元生徒たちの追跡調査を行っている。わかったのは、多くの子どもたちは卒業後に村を出てしまっているという事実である。もちろん、これは教育のせいばかりとはいえないし、ましてや一人の教師のせいではない。そもそも、現代には職業選択の自由も居住地の自由もあるのだから、生まれ落ちた場所で一生を過ごす必要もない。

農村から若者が離れていくのは、日本の産業構造が変化した高度経済成長期に、全国でみられた現象である。一九五〇年代から七〇年代にかけて日本経済は大きく成長し、貧困はかなり減少した。戦後日本の産業構造は高度経済成長期に、第一次産業（農業）から第二次産業（工業）へ大きく転換した。日本という国のあり方、そして地方の村のあり方が大きく変わったのだ。

とはいえ、学んだ子どもは地元から離れるということも事実である。それは四章で論じたように、立身出世のために都会に出るというだけではない。『フリーダム・ライターズ』でも『山びこ学校』でも、子どもたちは書くことによって、自分の所属する共同体を客観視できるようになる。そして共同体のルールを相対化した子どもたちは多くの場合、その共同体から巣立って行ってしまう。教育は共同体の崩壊に一役買っているのだ。

その代わりに学校は、新たな共同体を形成する可能性も持っている。『フリーダム・ライターズ』ではアメリカの人種間の抗争、『山びこ学校』では戦前から続く村の因襲は、子どもたちによって問い直されることになる。

教育を受けるということは、自分が変わるということでもある。それまで知らなかった可能性に出会うことは悪いことではないし、むしろそれによって人生の選択肢が増えるのはよいことだ。その意味で立身出世主義も安易に否定はできない。だが人は一人で生きているのではない。教育が文化の伝達の営みであり、しかも近代以降の社会が絶え間なく変化を続けていく社会だとすれば、むしろ教育を受けた者は次世代の担い手として新たな社会の形成者とならねばならない。

教育がただ自分の立身出世のためだけに用いられ、既存の社会秩序を全く変革しないのであれば、教育はただ単に人を型にはめる営みになってしまう。だが、近代社会では、先行する世代の生き方をそのまま子どもたちに提示しても、次世代が生きていくのはそれとは異なる新しい世界となる。だから子どもたちは、自分たちの手で新しい世界をつくっていかなければならないし、教育はそれを目指して行われなければならない。レイヴらの状況的学習論でも、実践共同体はスタティックで固定的なものではなく、常に新参者を受け入れ、かつての新参者が熟練者になっていく過程で常に変化していた。ある意味では、誰もが「新参者」なのだ（レイヴ他、一九九三、一〇六頁）。

『山びこ学校』の元生徒には村に留まり村に尽くした者もいる。しかし彼の働き方は、無着の綴り方教育を受けずに、村の大人から伝統的な村のあり方を提示されそれに従った場合とは、全く異なっていただろう。同じ場所にいても、ものの見え方が全く異なったはずだ。学んだ子どもたちは、仮に地元に留まったとしても、別の世界に移行したといえるし、それによって村自体を変革していくのだ。

『山びこ学校』の舞台である山元中学校を卒業する際に答辞を読んだ佐藤藤三郎は、その例である。佐藤は中学卒業後、農業高校の定時制に進学し、地元で青年学級主事、教育委員、農業協同組合理事などを務めた。高校時代から詩作活動を続けており、農業に関する著作も多い。佐藤は後に、無着の言葉のうち心に残っているのは、

「自分の言葉で話せ」と「自分の脳みそで考えろ」だと回顧している（佐藤、二〇一二、一二五頁）。

古典を読む意味

もっとも、佐藤（あるいは無着）が「自分の言葉で」ということを文字通りに、狭い意味で捉えている点は問題である。佐藤は、「知識人といわれる方の論文などをみると、参考文献や権威者といわれる人の言葉の引用がとても多い」と批判する（佐藤、二〇一二、一二五頁）。佐藤はそこで毛沢東を例に挙げているので、確かに首肯できる面もある。しかしそれは硬直した政治体制の問題だろう。

だが、私たちが自分とは一見無関係なテクストを開くのは、そうした回路を通してこそ、自分自身がよくみえるからだ。古典は今の自分を映す鏡なのである。自分の言葉で語るためには、他人の言葉が必要なのだ。『フリーダム・ライターズ』の生徒は書いている。

　この一ヶ月間、ラルフ・ウォルド・エマーソンやヘンリー・デイビッド・ソローなどのアメリカの作家を勉強している。エマーソンは自立することの大切さを説いていて、「人間であろうとするならば、体制に従ってはならぬ」と書いている。クラスのみんなは、いつもグルーウェル先生に、自分自身の考えを持ちなさいとか、権威には疑問をもちなさいとか教わっているので、エマーソンにとても引きつけられた。〔中略〕
　エマーソンの随筆の最後に、「偉大な人間は誤解される」と書いてあるのを読んだ時、自分がいつも誤解されていることを思い出した。わたしの本当の気持ちは誰も理解してくれない（エリン他、二〇〇七、一六〇―一六二頁）。

この生徒はエマーソンに出会うことによって、自分のおかれた状況を客観視し、自分の考えを表すことが可能になった。もちろん、ポップ・ミュージックや映画に自分の気持ちを代弁してもらうこともあるかもしれない。しかし、思考のためには、活字に沈潜することが重要な役割を果たす。

客観的な知識を学ぶ意義は、ここにある。一般的な知識は、各人の具体的な生と結びついて、意味を持つようになる。「『抽象性の力』というのは全く状況に埋め込まれたものであり、人びとの生活のなかにあり、それを可能ならしめる文化のなかにある」（レイヴ他、一九九三、八頁）。

すでにみてきたように、『フリーダム・ライターズ』も『山びこ学校』も、正統的周辺参加論から読み解くことができる。これらの実践では、「自分の身の回りのことを書く」という共通の実践課題を持った実践共同体への参加そのものが学習であった。

ただし、両者には違いもあり、それは小さなものではない。そしてこの場合、戦後教育の金字塔といわれた『山びこ学校』の方に、むしろ限界があるように思われる。

『山びこ学校』の実践共同体は、あくまでも無着のクラスに留まり、それを超えて広がっていかない。あるいはそれは「戦後民主主義」という当時形成されつつあった実践共同体へ広がっていくべきものであったのかもしれないが、村や大人たちの壁に阻まれ、挫折してしまう。

それに対して『フリーダム・ライターズ』の実践共同体は、二重、三重に広がっていく。最初の、小さな実践共同体は、エリンのクラスである。クラスメイトたちが同じテクストを読み、日記を交換し合う、そのなかでは差別が許されない書くことの共同体である。だがこの共同体は、孤独に書くこと、差別や不平等と戦うことをという意味では、遠く過去の実践共同体にまで広がっている。生徒たちはエマーソンやソロー、アンネ・フランクや公民権運動を含む実践共同体に参入するのである。本書第4章では、欧米のエリートは受験を通して伝統的文化を身につけるということをみてきたが、それは、伝統を有するエスタブリッシュメントという仮想された実践共同体に、正統的周辺参加を果たすことだともいえる。

カントの末裔たち

正統的周辺参加論から読み解くと、『フリーダム・ライターズ』も『山びこ学校』も、教師は「自分自身で考える」という実践共同体（クラス）を形作るのに成功していた。

自分自身で考えること。それは、イマニュエル・カントが「啓蒙とは何か」（一七八四年）で示した格率でもあった。他人の指示を仰がなければ何もできない人に必要なのはただ、自分自身で考える勇気を持つことである。自らの理性を行使すること、それは子どもが大人になることに等しい。こうしたカントの理念を、近代教育は引き継いでいる。今でも各学校の各クラスは、各学校、自治体、国や地域を越えて、カントが示した啓蒙という実践共同体に参加しているのである。

啓蒙とは何か。それは人間が、みずから招いた未成年の状態から抜けでることだ。未成年の状態とは、他の指示を仰がなければ自分の理性を使うことができないということである。人間が未成年の状態にあるのは、理性がないからではなく、他人の指示を仰がないと、自分の理性を使う決意も勇気ももてないからなのだ。だから人間はみずからの責任において、未成年の状態にとどまっていることになる。こうして啓蒙の標語とでもいうものがあるとすれば、それは「知る勇気をもて《サペーレ・アウデ》」だ。すなわち「自分の理性を使う勇気をもて」ということだ（カント、二〇〇六、一〇頁）。

読み書き能力を得てそれを用いることは、自分の理性を使う前提となる。だがただ単に読み書きができることと、批判的に思考できることは異なる。第Ⅰ部で論じてきた学力テスト政策や、第Ⅱ部第4章で論じてきた立身出世主義は、自分が所属するコミュニティから距離を取って考えるための力を人々から奪ってしまう。教育の営みが、広い意味での啓蒙の実践共同体（反啓蒙の立場を取る者も含めて考えてよい）から切り離された時、それは狭く自閉した実践となる。

「学力向上、そして何も考えなくなった」――本論は、そんな未来を避けたいという願いから書かれた。

参考文献

カント，イマニュエル（二〇〇六）「啓蒙とは何か」中山元訳、中山元編『永遠平和のために／啓蒙とは何か』光文社古典新訳文庫、九―二九頁。
エリン・グルーウェルとフリーダム・ライターズ（二〇〇七）『フリーダム・ライターズ』田中奈津子訳、講談社
コメニウス，ヤン・アモス（一九九五）『世界図絵』井ノ口淳三訳、平凡社ライブラリー
佐藤藤三郎（二〇一二）『ずぶんのあだまで考えろ―私が「山びこ学校」で学んだこと』本の泉社
佐野眞一（二〇〇五）『遠い「山びこ」―無着成恭と教え子たちの四十年』新潮文庫
森田伸子（二〇〇五）『文字の経験―読むことと書くことの思想史』勁草書房
無着成恭（一九九五）『山びこ学校』岩波文庫
ラグラベネーズ，リチャード（監督）（二〇〇八）『フリーダム・ライターズ』パラマウント ホーム エンタテインメント ジャパン

第Ⅲ部　知識を教えていない日本の学校

第7章　考えてはいけない日本のテスト

この章では、日本の学校では、考える力どころか、知識そのものを教えていないことを確認する。それは、「学而不思則罔（学びて思わざれば則ち罔《くらし》）」の教育である。覚えるだけで、自分の考えに落とし込んでいない。つまり自分の知識にさせない教育である。語弊を恐れずにいえば、日本の学校で教えているのは、画像と筋肉運動の記憶である。教科書の文言は、インクのシミが作り出す画像である。英語の単語を唱えるのは筋肉運動である。なぜそういえるのか。それには、知識とはなんなのかを考えてみなくてはならない。これは少し込み入った問題なので、この7章では、今の学校が画像と筋肉運動の記憶を教えていることを確認し、知識とはなんなのかという、より深い問題については、主に次の8章と9章で考えることにする。

そこでまず、ある姉弟のある夜の会話から始めよう。

1　はじめに――姉弟のある夜の会話

自分で考えてはいけない

ある夜のこと、小学校六年生の姉が、四年生の弟にこう話していた。

「あのね、国語のテストってね、自分の考えたことを書いちゃダメなのよ。自分の考えたことじゃなくて、先生が答えてほしいことを書かなくちゃいけないの。それは、問題の中に書いてあるから、それを書かなくちゃいけないの。私もね、あんたと同じ四年生の時に、そのことに気づいたのよ。」

これは、架空の話ではない。筆者の目の前でのことである。子どもは賢い。大人のことを見切って、それに合わせている。この姉の発言は、国語のテストでは、文の解釈をしてはいけないことを見切っている。これはまた教育の現状を、言い当てている。とりわけ日本の大学入試のための現代国語の教育は、この姉弟の会話のように、言語教育になっていない。それはもちろん、国語に限ったことではない。社会科でも理科でも、同じことである。ではそれはなにをしているのか。

第Ⅰ部では、いまの全国学テが、あまり生産的なものではないことをみてきた。それはいわば、金食い虫の無駄遣いになっているのではないかというわけである。第Ⅱ部では、それを受けて、いまの学校教育が、様々な問題を抱えたシステムであることを、いくつかの思想家の論を紹介しながら論じてきた。そこでこの第Ⅲ部では、これらを受けて、ではこれからどうすべきなのか、あらためて現実の問題の中で考えてみたい。

そこでまずこの7章では、実際のテスト問題を分析して、この姉弟の会話を実証してみよう。まずは国語。よく言われるように、とりわけ大学入試の国語は、テクニックそのものであって、文章の解釈ではない。問題文全部を読まなくてもいい。セオリー通りに、設問箇所の前後だけ読んで、そこのコトバを含んでいる選択肢を選べばいい。あれこれ考えたのでは、合格しない。

なにしろマークシート式の解答には、正解が一つしかない。「場合によっては、Dでもなりたつなあ。いや、Cもありうるぞ」では合格できない。問題文の原作者の意図は脇において、出題者が要求する答えを「お約束事」に従って答えなくてはならない。国語の試験は、「コクゴ」の試験であって、文章の読解ではない。自分で考えてはいけない。

そもそも学校の授業とテストは、学校システムの維持のためにあるのであって、子どもの今はもちろん、将来のためでもない。学校の知識は、校門をでてはならない。また日本の学校は、年齢主義をとっているのだから、子どもの個々の事情や理解とは関係なく、制度維持のために進行する。義務教育は、国民個々人のためにあるのではない。国家システムを維持する人間をつくるためにある。それには、子どもみんなが理解するようになってはいけない。学力が低い人間もいなくては、国家システムを維持していくことはできない。

さらにいえば、子どもには当然のこと教師にも、教材解釈の自由を認めてはならない。コクゴは、国語であっても日本語であってもならない。たとえ、教科書が明らかに間違っていても、教師は、教科書に書いてあること以上も以下も教えてはならない。教師は、トーキングマシンであって、自ら思考する人間ではないのだから、近い将来、人工知能ロボットに置き換えられるだろう。そうなれば、いまよりもっと効率的な教育ができるに違いない。人工知能ロボットなら、今以上に、勉強したくない奴は勉強しなくなる。それこそ効率的というものだ。

少し脱線をした。だが、この今の話を、その字義どおりにしか読めない人間を育てようとしているのが、いまの国語教育かもしれない。大学にいると、そうした学生に会うことがある。いわゆる「正解を教えてください」タイプの学生である。知識を教えてください。教えていただければ、すみやかに理解いたします。自分で考えろといわれてもなあ……、といった学生を目の前にすると、ため息だけがでてしまう。

解釈以前の多くのテスト

話をテストに戻そう。国語ならば、解釈に幅があることは、ある意味あたりまえである。入試だからしかたなく答えを一つにしているにすぎない、という人もいるだろう。だがマークシート式なのだから、せめてAなら五点だが、Bなら四点、Cなら三点といった配分配点くらいはやってもいいのではないか。

それはともかく、こうした問題は、国語以外の事実教科、算数・理科・社会・英語といった教科ではありえないというかもしれない。こうした教科では、ともかくも事実としての知識を教え・覚えるのが当然だからである、とこのように信じている人が多いのではないだろうか。

ここには、明治以来から何度もくり返されてきた「ゆとりか学力か」という二極対立の発想がある。思えば、この考え方がすべての元凶かもしれない。国語は解釈に幅があると筆者はのべたが、実はそれは間違いである。今の教育は、国語ばかりか音楽も美術までも含んで、それこそオール教科で、解釈以前に、そもそも知識になっていない、文字画像認識と筋肉運動認識ばかりが求められているからである。

この章の最初にのべた、「子曰く」でいえば、学力派は「学びて思わざれば則ちくらし」であり、ゆとり派は「思いて学ばざれば則ちあやうし」、つまり自分の考えばかりで人から学ぼうとしなくては正しい判断はできない、という教育をしているのが現状ではないだろうか。

確かに、１＋１＝２には、理屈はいらない。そのように覚えなくてはならない。その意味で、算数・数学には解釈に幅がない。理屈はともかく、計算できなくては話にならない。だが、それを実際に使わせるという場面ではどうだろう。日本では、筋肉運動としての計算ばかりをさせるために、ここの部分が抜け落ちていて、ＯＥＣＤのＰＩＳＡテストで対応できなかったことは、記憶に新しい。

それは、英語でも同じところがある。たくさん英語を学ばせるのだけれど、いままでの日本の教育では、結局使えない英語にしてきた。それは数学の計算ドリルと同じで、唱えるだけの筋肉運動ばかりに偏ってきたからである。言語なのだから、現実場面の中で、場面に合わせた自分なりの使い方を認めなくては、使う気にもならないのは明らかである。

こうしたことを繰り返してきたがために、次のような、笑うに笑えない現実もある。例えば、いまでは一一八五年になった鎌倉幕府。だいぶ前のスバル・ミニの宣伝が印象的だった。古いスバル・ミニ（男性の声）と新スバル・ミニR1（女性の声）の車が、掛け合いする場面である。

《スバル・ミニR1 CM（二〇〇四、一二）》

新スバル・ミニR1「へー、先輩は、一九五八年生まれなんだあ」

初代スバル・ミニ「いろいろあったなー、一九五八年と言えば……」

新スバル・ミニR1「カマクラ・バクフ」

初代スバル・ミニ「て、バクフなの、なんなのよ俺は。馬なのかよー」

このシーンからは、昔からよくいわれていた「イイクニ・ツクロウ・カマクラバクフ」という、語呂合わせの年号記憶の方法が浸透していることがわかる。四桁の年号は、すべて「カマクラ・バクフ」の反応の引き出す、符丁のようなものになっている。多くの人にとって、一一九二年は、「カマクラ・バクフ」という反応を生み出すだけのものと、認識されているのではないだろうか。

こうしたように、学校で学ぶ知識は、個々の子どもにとってなにかの意味をもつというより、運動反応的なものとして認識されている。深く意味を理解するよりも、ともかく唱えられればよい。コトバは、元々それ自体の意味をもっているわけではないのだから、いってみればそれは、当たり前といえば当たり前である。その意味を理解するなどといった時間はないのだから、さっさと自動反応運動筋肉を鍛えようというわけである。

こうして子どもたちは、ネットにつながっていないパソコンレベルの人間に育てられている。「考える力」などというのは、物を言わない従順な労働者には不要であり邪魔なのである。

実際こうしたことが、いまおこなわれている全国学テの問題に現れてくる。そこで次に具体的なテスト問題をみてみよう。

2　学力を調べていない全国学テ

「豊かさの排除」「思考の妨害」「解答不能」

第I部でみたように、いま行われている全国学テの結果は、現実の学校の実践に反映されない。にもかかわらず、多額のお金が使われている問題があった。だが問題性は、それだけではない。そうした現象面での問題の他に、そもそも学力が調べられていないのではないかという、より根源的な問題がある。この節では、具体的な問題事例を分析することで、その問題性を検討したい。

ということで、この節では全国学テの国語の問題を分析する。ＰＩＳＡテスト（ＯＥＣＤ生徒の学習到達度調査）の衝撃以来、国語の問題は、ずいぶんと様変わりした。様々な場面でのコトバの使用を見ようとしている点は評価できる。それは、ＰＩＳＡ型といわれる活用型のＢ問題のみならず、基礎的理解を問うＡ問題でもみられる。これは、近年の教科書の変化とも連動しているとみられ、少し前に比べれば、はるかによくなったという印象がある。

しかし前述したように国語には、まだまだテクニックで解かせるという問題性がある。それが顕著になるのが、大学入試問題である。その傾向は、もっと基礎的なこの全国学テにも、読み取ることができる。とりわけ国語のテストには､他の教科以上に問題がある。それは､「子ども自身に考えさせない」という問題である。求めるのは､「正解」であって、子どもの考えではない。というより、考えさせないように工夫されている。これが、一番の問題である。

さらに国語の場合、どうなんだろうという設問も少なくない。これでは選べない・答えられない問があるる。以下、具体的な問題を使って、この三つをみてみよう。確認すると、

一つ、テクニックで答えさせていて、コトバのもつ豊かな可能性を排除している。

二つ、正解を一つにしぼって、テクニックに頼らせる結果、自分で考えることを妨げている。

三つ、その上、答えが問の中にないので、選べない・答えられない設問がある。

後の分析のために、この三つを簡単な言葉で要約しておこう。「豊かさの排除」「思考の妨害」「解答不能」とでもしておこう。こうした問題は、漢字や語句の意味を問うといった問題以外のほぼすべての問題についていうことができる。こうした問題で、「学力」が計られ、一喜一憂させられている。設問の出し方には、その時代の人の学力観が反映される。それが、その時代に求められるものならば、ある面、当然で問題がないともいえる。だが、それはしばしばズレる。

だからうがった見方をすれば、いまの子どもたちの学力が「低い」ならば、それはそれで望ましいのかもしれない。なぜなら、こうしたいままでのテストでは、これからの時代を切り開いていく学力をはかりきれないからである。時代を確実にとらえて、次の時代をになっていく学力をつけている、いまの子どもたちだから低いのかもしれない。だから低いのは、望ましいことかもしれない。どちらにしても、こうした問題は、いま始まったことではない。この本の読者のあなたも、こうしたテストで、学力が「低い」と認定されてきたのである。

活用になっていない活用型問題

それはともかく、さっそく問題の分析をしてみよう。最初に断っておかなくてはならないことがある。それは、いまあげた三つがあてはまる設問がそれぞれある場合もあるけれど、一つの設問に三つともあてはまる場合もあることである。なお、ここで分析するのは、平成二六年度のテストにする。というのも、この年度については、すでに結果がでていて、分析しやすいからである。

全国学テのＢ問題は、「活用型」といわれるもので、従来の知識を問うＡ型に比べると、実際場面に即して様々な情報源から総合的に考える問題であるとされる。そうした意味では、好ましい問題ということができる。しかしその設問は、前述の「豊かさの排除」「思考の妨害」「解答不能」の三つのすべてを抱え込んでいる。そこでまずは、小学校の実際の問題をみてみよう。

〔平成26年度　小学校6年国語B〕

1

第一小学校の六年生の学級では、「卒業文集はパソコンを使ってつくるか、手書きにするか」という議題で、それぞれの立場に分かれて討論会《とうろんかい》を行っています。次は、そのときの【討論会の様子】です。これをよく読んで、あとの問いに答えましょう。

【討論会の様子】……❶・❷・❸・❹・❺の発言の内容は、あとの問いと関係があります。

司会

これから討論会を始めます。今回の議題は、「卒業文集はパソコンを使ってつくるか、手書きにするか」ということです。ではまず、パソコンを使う立場からの主張をお願いします。

パソコンを使う立場の主張

丸山

❶はい。ぼくは、パソコンを使う方がよいと思います。手書きは、文字を書いたり消したりするのがめんどうだからです。パソコンであれば、何度でも簡単《かんたん》に書き直すことができるので、作業に取り組みやすいと思います。

大野

❷私《わたし》もパソコンを使う方がよいと思います。記念に残る卒業文集なので、読みやすくつくるべきだと考えます。手書きだった去年の卒業文集には読みにくいところがありました。パソコンであれば、文字が上手かどうかに関係なく、文字の形や大きさがそろうので、読みやすくなります。

司会

次に、手書きの立場からの主張をお願いします。

手書きの立場の主張

関口

はい。ぼくは、手書きの方がよいと思います。六年生のときの手書きの文字をそのまま残した方が、記念に残る卒業文集になると思います。

平川

❸私も手書きの方がよいと思います。学校のパソコンは、利用できる場所や時間が限られています。手書きであれば、場所や時間を気にせず、自分のペースで作業を進めることができるので、取り組みやすいと思います。

手書きの立場からパソコンを使う立場への質問や意見

司会

❹ここで、一度整理をします。それぞれの主張に共通する観点が二つあります。一つ目は、丸山さんと平川さんから出された「［ア］」についてです。二つ目は、大野さんと関口さんから出された「**記念に残る卒業文集のあり方**」についてです。

では最初に、手書きの立場からパソコンを使う立場に対して、二つの観点それぞれについての質問や意見を出してもらいます。まず、一つ目の「［ア］」から、質問や意見をお願いします。

「［ア］」について

林

❺丸山さんの発言に対して質問があります。私はパソコンの操作《そうさ》が得意ではありません。パソコンを使って文章を書くことに慣れている人は、学級に何人ぐらいいると考えていますか。

丸山

はい。学級の半分ぐらいの人は、使うことに慣れていると思います。

谷

丸山さんの発言に対して意見があります。全員がパソコンを使いこなせるわけではないので、作業に時間がかかってしまい、完成がおそくなります。パソコンを使うよりも、手書きの方がスムーズに取り組めるので、手書きがよいと思います。

丸山

確かに、パソコンを上手に使えない人は時間がかかると思います。そうであれば、使い慣れている人が、そうでない人に教えながら取り組むこともできると思います。

司会

ほかにありませんか。（発言がないことを確かめて）ないようであれば、次に、二つ目の「**記念に残る卒業文集のあり方**」について、質問や意見をお願いします。

「**記念に残る卒業文集のあり方**」について

あなた

大野さんの発言に対して［　］があります。

イ

～（討論会が続く）～

この問題の第一問は、次のようなものであった。

> 一 **【討論会の様子】**の中の**司会❹**の［ア］の中には、**丸山**さん❶と**平川**さん❸の発言に共通する観点が入ります。ふさわしい内容を、二人の発言に共通する言葉を使って、**十二字以内**で書きましょう。

この設問では、問題中にある「作業」と「取り組みやすい」の二つの言葉を使って。「作業に取り組みやすい」と、アに一二字以内で入れるのが正解である。ただし一二字以内であれば、どちらかが欠けていても正解になっている。たとえば、「作業しやすい」とか「取り組みやすい」というのも正解とされている。ちなみに解答率は、次のようであった。

	（正答の条件） 次の条件を満たして解答している。 ①二人の発言に共通する言葉を使い、以下の内容をまとめて書いている。 a 作業 b 取り組みやすい ②12字以内で書いている。 （正答例） ・作業への取り組みやすさ（11字）　・作業への取り組み（8字）		
1	条件①a、bの両方と、条件②を満たしているもの	34.7	◎
2	条件①aまたはbのいずれか一方と、条件②を満たしているもの	30.6	○

3	条件①は満たしているが、条件②は満たしていないもの	0・0	
9	上記以外の解答	26・8	
0	無解答	7・8	
	正答率	65・4	

こうみると特に問題はないようにみえる。だが、設問をよくみると、「**丸山**さん❶と**平川**さん❸の発言に共通する観点が入ります」とある。つまり「同じ言葉が入ります」とは書いていない。では、「同じ観点」とはなんだろうか。丸山さんは、「何度でも簡単に書き直すことができるので、作業に取り組みやすいと思います」と発言している。平川さんは、「場所や時間を気にせず、自分のペースで作業を進めることができるので、取り組みやすいと思います」と発言している。

これは同じ「観点」だろうか。確かに二人とも同じ言葉、「作業」と「取り組みやすい」をつかっているけれど、どうみても同じ観点とはいえないのではないだろうか。「作業に取り組みやすい」という見方は確かに同じである。だが、その中身はまったく異なる。「観点」というのは、広い意味を持っている言葉である。きっと迷った子どもが多かったのではないか。

実際、正解以外の「上記以外の解答」が、二六・八％にものぼっている。これは、基礎的知識を問うA問題と活用のB問題を通じて、解釈を問う問題の中では一番の誤答率である。誤答の事例として、次のものがあげられている。そしてそれぞれに、コメントが添えられている。

（誤答例１）

・パソコンか手書きかの立場（12字）　・パソコンと手書き（8字）

（コメント）このように解答した児童は、本問の前提である、「パソコン」と「手書き」という立場に分かれての討論会であることと話合いの観点とを混同している。これは、二人の発言に共通する観点を捉えて書くことができていない。

（誤答例２）

・書き直すことができるか（11字）　・自分のペースで進められる（12字）

（コメント）このように解答した児童は、二人の発言のそれぞれ一部を取り上げているだけで、二人の発言に共通する言葉を使って書くことができていない。

筆者には、この誤答例の方がよいように思われる。確かに、同じ言葉をピックアップして、悩まずに答えればよかっただろう。しかし「観点」といわれると、やはり迷って当然である。誤答例1のように、この討論会のテーマである「パソコンか手書きか」こそ、この二人の共通の観点だからである。誤答例2にしても、「書き直すことができるか」と「自分のペースで進められる」も、言葉はまったく違うが、共に書き手の主体的な取り組みをのべていると捉えれば、これもいいのではないか。

こうした意味で、この設問は、「豊かさの排除」「思考の妨害」「解答不能」の三つを抱え込んでいる。子どものそうした深い読み込みを排除して、同じ言葉を拾わせることで思考を停止させ、「二人の発言に共通する言葉を使って」という無理難題の前に立ちすくませている。出題者の頭の中では、観点＝同じ言葉なのだろう。しかしそれは、貧弱な言語感覚としかいいようがない。

出題者には申し訳ないが、この貧弱さは、次の設問でも現れる。この設問は、丸山さんの❶の発言への❺の林さんの質問の意図はどれか、というものである。だがどうだろうか、この1～4の中に正解をみつけることはできるだろうか。筆者にはちょっとできない。❺の林さんの質問は、こうである。

> ❺　丸山さんの発言に対して質問があります。私はパソコンの操作が得意ではありません。パソコンを使って文章を書くことに慣れている人は、学級に何人ぐらいいると考えていますか。

そして設問は、こうである。さて、本書の読者のみなさんは、どれが正解だと思うだろうか。

> 二【討論会の様子】の中の林さん❺の質問は、どのようなねらいがあると考えられますか。その説明として最もふさわしいものを、1から4までの中から一つ選んで、その番号を書きましょう。
> 1　相手の主張の内容と自分の主張の内容との共通点を知ろうとしている。
> 2　相手の主張に対する自分の考えが理解されているかどうか確認しようとしている。
> 3　相手の主張の中で述べられていないことがらをくわしく聞き出そうとしている。
> 4　相手の主張の中に理由が述べられていないことを明らかにしようとしている。

筆者は、少しひねくれているのかもしれない。というのも、林さんの質問は、かなりキツイと感じたからである。

林さんは、もしかすれば語気強く、「あんたって、自分はできるかもしれないけど、他の人のこと全然考えてないじゃない。なんか格好つけてるんじゃないの。あんた、なんにもわかってないジャン！　何人できると思ってるのよ、パソコン。」との思いを強くにじませて質問したのかもしれない。

とすれば、正解は4じゃないかな。「だって、クラスのほとんどの人ができるっていう前提でしか、そんな主張はできないんだから、あんたはちゃんと理由をいってないのよ」というわけだからである。いや1もありえないことはない。2も有力だよね。どっちにしても3はないな。なぜなら、丸山さんは、そもそもクラスの中の何人がパソコンできるかなんて、さらさら考えていないから、質問しても答えられる見込みはなさそうだからである。

……しかし正解は、3である。

筆者は確かに少しひねくれているかもしれない。確かに、あまり性格がよくない。だが、小学校六年生の女子ともなれば、この程度の考えはもつのでないだろうか。しかしやはり筆者は、素直ではないらしい。この設問の正解率は、六〇・三％であった。2と答えたのは二〇・四％で、あとはちょぼちょぼであった。さすが子どもたちは賢い。ちゃんと、問題作成者の意図を読み取っている。

なにを計ろうとしているのか

では次に、中学校の問題みてみよう。学年が上がれば上がるほど、より悪化するのが国語の問題の特徴かもしれない。次の問題は、知識を問うA問題である。ここには、典型的な国語問題がある。

3　次の文章を読んで、あとの問いに答えなさい。

〔ここまでのあらすじ〕　主人公の「おれ」は、数学の教師として東京から四国に来たが、初めての授業に戸惑ったり、興味のない(注1)骨董《こっとう》を売り込まれたりする日々を過ごしていた。

ある日の晩大町《おおまち》と云《い》う所を散歩して居《い》たら郵便局の隣りに蕎麦《そば》とかいて、下に東京と注を加えた看板があった。おれは蕎麦が大好きである。東京に居《お》った時でも蕎麦屋の前を通って薬味の香《にお》いをかぐと、どうしても暖簾《のれん》がくぐりたくなった。今日までは数学と骨董で蕎麦を忘れて居たが、こうして看板を見ると①素通りが出来なくなる。ついでだから一杯食って行こうと思って上がり込んだ。見ると看板ほどでもない。東京と断《こと》わる以上はもう少し奇麗《きれい》にしそうなものだが、東京を知らないのか、金がないのか、(注2)滅法《めっぽう》きたない。畳は色が変《かわ》ってお負《ま》けに砂でざらざらして居る。壁は煤《すす》で真黒《まっくろ》だ。天井はランプの(注3)油烟《ゆえん》で(注4)燻《くす》ぼってるのみか、低くって、思わず首を縮めるくらいだ。ただ(注5)麗々《れいれい》と蕎麦の名前をかいて張り付けたねだん付けだけは全く新しい。何でも古いうちを買って二、三日前から開業したに違いなかろう。ねだん付《づけ》の第一号に天麩羅《てんぷら》とある。おい天麩羅を持ってこいと大きな声を出した。するとこの時まで隅の方に三人かたまって、何かつるつる、ちゅうちゅう食ってた連中が、②ひとしくおれの方を見た。部屋が暗いので、ちょっと気がつかなかったが顔を合《あわ》せると、みんな学校の生徒である。先方で挨拶《あいさつ》をしたから、おれも挨拶をした。その晩は久し振《ぶり》に蕎麦を食ったので、旨《うま》かったから天麩羅を四杯平《たいら》げた。

翌日何の気もなく(注6)教場へはいると、黒板一杯ぐらいな大きな字で、天麩羅先生とかいてある。おれの顔を見てみんなわあと笑った。おれは馬鹿馬鹿しいから、天麩羅を食っちゃ可笑《おか》しいかと聞いた。すると生徒の一人が、しかし四杯(注7)は過ぎるぞな、もし、と云った。四杯食おうが五杯食おうがおれの銭でおれが食うのに文句があるもんかと、さっさと講義を済まして(注8)控所《ひかえじょ》へ帰って来た。十分立って次の教場へ出ると③一つ天麩羅四杯也《なり》。但《ただ》し笑う可《べか》らず。と黒板にかいてある。さっきは別に腹も立たなかったが今度は癪《しゃく》に障《さわ》った。冗談も度を過ごせばいたずらだ。焼餅《やきもち》の黒焦《くろこげ》のようなもので誰も賞《ほ》め手《て》はない。

（夏目《なつめ》漱石《そうせき》『坊《ぼ》っちゃん』による。）

（注1）骨董＝古い絵やつぼなどで値打ちのあるもの。
（注2）滅法＝度をこしていること。
（注3）油烟＝油が燃えるときに出る、黒い細かな粉。
（注4）燻ぼってる＝煙で黒くなる。
（注5）麗々＝派手で人目につくさま。
（注6）教場＝教室。
（注7）四杯は過ぎるぞな、もし＝四杯は食べ過ぎではないですか。
（注8）控所＝職員室。

この問題の第一問は、こんなぐあいである。

一　線部①「素通りが出来なくなる」とありますが、その理由として最も適切なものを、次の1から4までの中から一つ選びなさい。

1　看板の美しい文字にひかれたから。
2　探していた蕎麦屋を見付けたから。

3　店の暗く汚い様子が気になったから。
4　東京にいた頃から蕎麦が好物だから。

さてこの手の問題は、もっともポピュラーだろう。「最も適切なものを」選ぶ設問である。こうした場合は、この設問近くの問題文にある言葉で選ぶ、というのが解法の原則である。子ども達もよくできていて、正答率は九二・一％である。つまりほぼ全員正解。問題文で、「おれは蕎麦が大好きである」といっているのだから、4が正解であるのは、すぐに理解できる。となれば、この設問に特に問題はないようにみえる。

だがどうだろう。これほどはっきりとわかる、解法テクニックそのままといった設問は、はたして単純に良いといっていいだろうか。中学三年生に、考えなくてもいい設問をして、それではたして正しく学力を調べているといえるだろうか。中学三年生なら、もうかなりの論理力をもっているはずである。にもかかわらずこうした設問をだすのはいかがなものだろうか。この問題では、他にも似たような二つの設問がある。それらの正答率も、八〇・二％と七九・六％と、共に高い。

では、どうすべきか。筆者なら、こんな設問をだしたい。こういうのは、どうだろう。

線部①「素通りが出来なくなる」とありますが、その理由として最も適切なものは、次の四つの中で4であることは明らかです。しかし、少し解釈をはさめば、1から3もそれなりの適切さをもってきます。1から3のどれか一つについて、文中の言葉に根拠を求めて、その適切さの理由をのべなさい。

ということで、筆者なりの解答を考えてみた。

1の「看板の美しい文字にひかれたから」は、上がりこんだら「見ると看板ほどでもない」というのだから、きっと心をひかれる美しさがあったのではないかと思われるから。

2の「探していた蕎麦屋を見付けたから」は、「四国」はうどんがメインで、蕎麦屋が少なくて、つい忙しさに紛れて忘れていたが、「こうして看板を見ると素通りが出来なくなる」というくらいに、無意識には蕎麦屋を探し続けていたに違いないと思われるから。

3の「店の暗く汚い様子が気になったから」は、「何でも古いうちを買って二、三日前から開業したに違いなかろう」といっているのだから、上がる前から古くて暗いことはわかっていた。しかし蕎麦屋だから、古い民家風なのもよく合っていて、案外こういうところは美味しいのではないかと期待したと思われるから。

どうだろう、こうした問い方は。確かに少し難しいかもしれない。しかしただ単に、機械的に答えさせるよりも、少しでも自分なりの解釈を試みさせるような設問を、考えてもよいのではないだろうか。今のように、テクニックで答えさせる、お約束ごと試験は、もうやめるべきではないだろうか。とはいえ、この全国学テは、それでもまだまだ良い方かもしれない。各地方自治体テストは、テスト会社に丸投げなので、もっとひどい問題がならんでいる。大学入試の問題ともなると、ため息がでてしまうほど意味不明の解答を要求する入試も少なくない。

本節では、ほんの二問で全国学テの課題を考えてみた。本当ではあれば、もっと詳しく分析すべきかもしれない。しかしこれをあまり詳しくやらなくても、国語のテストが、とりわけ入試などでは、自分なりの解釈をしてはいけないことは、むしろ筆者がいうまでもなく周知のことに違いない。

そこで次節では、国語はこれくらいにして、他の教科の場合を考えてみたい。国語ならば、こうした問題があるかもしれないが、数学や英語や理科・社会となれば、事実問題の設問なのだから、国語のような問題はないのではないか。どうなのか。

3　それは国語だけの問題ではない

考えさせない教育

筆者は、本章のテーマを「考えてはいけない日本のテスト」にした。それが典型的に現れるのが、国語のテストである。言葉は、それが働く場や文脈によって、全く異なった意味をになう。言葉には、固有の意味があるわけではないからである。それだけに国語の問題では、「最も適切」な答えを一つに絞るような設問をすべきではない。

こうしたことに代表される日本の教育の特徴は、なんといっても、「考えさせない教育」にある。しかし「考えさせない教育」ということであれば、それはなにも、国語に限ったことではない。理科や社会科などの事実的知識の習得教科や、数学や英語のように基礎的記号の使用規則を学ぶ教科では、どうだろうか。これらの教科では、やはり基本的な知識の習得と訓練が不可欠なので、「考えさせない教育」になるのは仕方がないのだろうか。確かにそれは、そうであるように思える。だが、ちょっと立ち止まってみると、俄然それは怪しくなる。というのも私たちは、知識を誤解しているかもしれないからである。

理科や社会科といった教科は、「知識」と呼ばれているものを教えるらしい。だが、理科的知識とはどういうものなのか。たとえば、物質の三態とはなにかをいえる。水の沸点が一〇〇℃であることを知っている。被子植物とは何かを知っている。惑星と衛星の違いを知っている。社会科的な知識とはなにか。頼朝は、征夷大将軍になって鎌倉幕府を開いたという史実を知っている。三権分立の立法・行政・司法の三つの権力名を正しく書ける。どの図が河岸段丘であるかを指摘できる。義務教育レベルなら、こうしたことがあげられるかもしれない。

だがこれらは、知識だろうか。「水の沸点は、一〇〇℃である」は、知識なのだろうか。ただのインクのシミか、ディスプレー上の陰影にすぎないのではないか。ちょっと考えてみよう。「水の沸点は、一〇〇℃である」ってどういうこと？　と問うと、「だから、水が沸騰してボコボコしているときには、温度が一〇〇℃だということ」とか、「一〇〇℃のとき、水が沸騰するということ」と説明するかもしれない。

しかし、そう答える「知識」なるものは、どういう場面で知識といえるのか。古来、知識は自分がそうだと確実にいえるものでなくてはならなかった。だがすぐにわかるように、一〇〇℃であることを自分で証明できる人などいない[1]。せいぜい、「学校で習ったから」程度である。そんな程度であっても、ともかく「知ってる？」と聞かれたら、「一〇〇℃だよ」って答えられるのでいいじゃないか、でいいのだろうか。

知っているとはどういうことか

結論を急ごう。筆者は、知識の定義はどうあれ、なにかの命題（文章に表現される現象など）が知識といわれるには、それに導かれる行為や思考が、その知識の成り立ちにふさわしいものでなくてはならないと考える。つまりこの「水の沸点は、一〇〇℃である」という知識は、これだけで知識と呼ばれるのではない。それによってもたらされる行為に適切な役割を果たしたり、他の命題との関係で適切な思考を組み立てるのに活きなくてはならない。

たとえばこの沸点の例でいえば、水の沸点が一〇〇℃であることを知っているかどうかは問題ではない。それよりもむしろ、これが三重点との関係で、一定の条件下でのことであって、その条件が異なると沸点も違ってしまうことを理解して、この概念をその場にふさわしく行為や思考に活かせるかどうかが重要である。

筆者には、にがい経験がある。あるところで炊飯器でご飯を炊いたら、芯の硬いご飯ができてしまった。筆者は、妻に水をちゃんと入れたのかどうかを詰問してしまった。だがその場所は、高度が二〇〇〇メートルのところだったのである。このことは、筆者がこの水の沸点が一気圧でのことであることを活かせていなかったことから生じている。筆者の知識は、聞かれたら答える場面での、その程度のものでしかなかったのである。

しかし今の日本の教育は、こうした程度の知識であってよいと思っているのではないだろうか。ともかくもたくさん、そうした命題なり言葉なりを知っていることが、重要だと思っているのではないだろうか。だがそうした命題なり言葉は、それだけでなにかの意味をもつことはない（詳しくは8章）。たくさん何かを知っているだけでは、何の役にも立たない。

よくたくさん本を読めという人がいる。だが、ろくに考えもしないでたくさん読んだのでは、バカになる。大学の研究者にもよくいる。たくさんの知識があって、たくさんいろいろ出てくるが、なにを言いたいのか、なんのためにこれを言わなくてはならないのか、まるで見えない論文を書く人も少なくない。たくさん読まなくてはならないのなら、昔の人はみなバカだったのかと問いたくなる。

大切なのはその知り方である。その知識なりの知り方で学ばなくては、学んだことにはならない。自転車の乗り方を学ぶには、実際の自転車にまたがってみなくてはならない。こうした運動的・技能的知識であれば、どうしても実際の道具を使って学ばなくてはならない。このことは、だれでも納得する。だが、こと文字化された知識となると、その知のあり方にふさわしく学ぶことを忘れてしまう。文字化された知識となると、ただそのまま丸呑みでも良いと思ってしまう。

それでもともかく知っているのが重要だというのなら、それは一歳にも満たない乳児が、なんでも口にもっていってしゃぶるのを、彼はそれがなんであるかを知っている、といっているようなものである。それがなんであるか、どういう道具であるのか、安全なものか危険なものか、それは乳児にはわからない。ともかく答えられるという知識は、スプーンの持ち手をしゃぶっても、その子はちゃんとスプーンの使い方の知識をもっている、というのと変わらない。

穴埋めのテストや、機械的にテクニックで答えさせるテストは、子どもたちに思考を強いない。それはいわば子どもたちを、古いタイプのロボットとみているようなものである。プログラムとデータをあらかじめ入れておいて、決まった行動をとらせるだけの、ノイマン型コンピューター搭載のロボットのようだ。だが、もうそういう時代ではない。ともかくなんでも記号の形でデータを取り込んでおけばよいという、コメニウス型人工知能の時代ではない[2]。

とはいえたしかに数学や英語では、ある程度訓練が必要である。しかし日本の教育は、学年が上がれば上がるほど訓練中心で、あまり数学のことも、まして英語のことも考えさせない教育になっている。計算がいくらできても、数学に興味が持てなくては意味がない。あれほど身の回りで役立っている数学のことを、なにも知らされないのでは、興味もわかず、なんのためにこの計算をしているのかの意味も理解されない。日本の子どもたちより、はるかに計算ができない欧米の子どもたちだが、かといって欧米の数学や科学がダメだという事実はない。

英語にしても、ただひたすらの訓練では、ただ英語嫌いをつくりだすことになる。なにかをいいたい気持ちにさせないのでは、いくら会話を教えたところで話せるようにはならない。教育テレビの英語番組は、とても良さそうに見えるが、現場の授業をみると昔からほとんど変わっていない。フラッシュカードで、機関銃のような授業がいまでも変わらず行われている。

ある面、理科や社会科、そして数学や英語の方が、国語よりも問題があるかもしれない。国語ならテクニックではあるが、少しは考える。だが他の暗記的教科では、それすらもないからである。ただ記憶して再生するだけなら、まるで無意味綴りの学習になる。しばしば見かける赤い色の下敷きでの学習は、オペラント条件付けの学習方法で、一時流行ったプログラム学習方式である。あれは、いってみればハトの教育であり、よくいっても動物調教の方法である。

以上少し足早に、全国学テが、「豊かさの排除」「思考の妨害」「解答不能」の問題になっていることを見てきた。それは、とりもなおさず、日本の教育がそうした貧弱なものになっていることである。それはまた、知識を誤解していることでもある。よく知識中心ではダメで、関心・意欲・態度・技能も必要だという。だが実際のところは、そもそも知識など中心にしていないのではないか。知識は、これと分離されるところの、関心・意欲・態度・技能と不可分であり、これと切り離せば、それは知識ではなくなる。

この章で筆者がのべてきたことは、いわば常識かもしれない。この程度のことは、いままでも公ではないにしろ、多くの人が感じてきたことである。塾ではテクニックを教える。それがどんなに意味がないことでも、ともかく試験に受からないことには始まらないからである。

だがどうしてこれほどまでに無意味なことが、修正されずにいままできているのか。不思議なことである。それには、いろいろ文句はいっても、なにかやはり「知識」というものが、それ自体として存在しているという観念からでられないからではないだろうか。文字化された知識は、確かに人類にとって極めて重要である。だがしかし、それは知識を実体化してしまっている、ある種の神話ではないだろうか。次の8章では、この問題を問い直したい。

注

1 小学校でよく沸点を測る実験をおこなうが、実際に一〇〇℃にするのは難しい。たとえ一〇〇℃になったとしても、一気圧で純水という条件を作り出すことは不可能なので、それは証明したことにならない。というより、水の沸点は実験によって一意的に決まるものではないのだから、一〇〇℃であることを証明した人などいないことになる。なお、今の水の沸点は、九九・九七四℃である。

2 ヨハン・アモス・コメニウス（一五九二〜一六七〇）は、教育の世界では、現代の学校システムを考え出した人として知られている。学校を人間製造工場になぞらえ、グーテンベルク印刷機のたとえで、子どもを白い紙に、教科書を版面に、教師をインクにたとえて、知識を刷り込むシステム、それが学校だと考えた。この考え方の特徴は、誰かの知識は記号の形で外に取り出して（これを外化という）、外で再構築できるとみなすところにある。そうした意味で、コメニウスは人工知能の元祖ともみられている。

第8章　地域をすてる学力

1　極点社会の到来

そしてだれもいなくなる

「極点社会」という言葉をご存知だろうか。あまり聞かない言葉かもしれない。これは、東京のような大都市に点的に人が集中して、地方が消滅する社会のことである。もう少し具体的にいうと、出産適齢の女性、二〇歳から三九歳までの若年女性が地方から減って、東京などの大都市に集中する社会のことである。その結果、男性も含めた人々が、日本全体に広がって住んでいるのではなく、大都市という極点に集中する、それが、「極点社会」である。それはいわば「点住社会」、つまり裏をかえせば、地方消滅の社会である。

他方、「限界集落」という言葉がある。これは案外知られているかもしれない。年寄りばかりで、集落を維持していくことが限界で、やがて消滅していく集落のことである。だが消滅するのは、山間や島の小さな集落ばかりではない。地方の中核都市でも消滅のおそれがある。それどころか、県も消滅しないとは限らない。それが、「極点社会」の問題である。

筆者の一人、小笠原の故郷、青森県八戸市も例外ではない。ここは、昔ほどではないとしても、いまでも東北で有数の経済活動の盛んな町である。人口も、二〇一七年五月で、二三八，〇〇〇人もいる、地方中核市である（二〇一六年までは、特例市）。しかしその八戸が、二〇四〇年には、若年女性が今のマイナス五四%になるという。つまり近い将来、中核市でも消滅する。

日本創成会議の試算

「日本創成会議」の試算では、二〇四〇年での「消滅可能性都市」は全国の四九・八%に当たる八九六市区町村に登るという。地方の中核市で消滅するところが出てくるということは、県でも消滅するところがでてくることになる。ご覧のように、東北はほぼ全滅である。

とはいえしかし、極点社会になっても、女性がいなくなるわけではなく、ただ大都市に集中するだけだから、それでいいじゃないかという考え方もある。だがそれは、大都市に集中した女性が順調に出産するという前提の話である。実際は、大都市の女性の出産率は低い。その理由は、いろいろある。だがそれを言わなくても、これからの都会で出生率が改善するのは、すぐには見込めそうにない。ちなみに、東京の平成二七年の合計特殊出生率は、全国でダントツ最下位の、一・一七である。全国平均は一・四六で、一番高い沖縄は一・九四である。ということは、もし東京にたくさんの若年女性が集まったら、日本全体でどんどん人口が減ってしまうことになる。

筆者は、人口が少ないことが、すぐに悪いことだとは思わない。こんな小さな島国で、耕地面積も少なく、人の住めるところも決して多くはないのに、日本は世界で一〇番目の人口国である。だから今の半分になってもいいんじゃないかという考え方もなりたつかもしれない。ただ問題なのは、その現象が急激だということである。試算によれば、二二世紀を迎える頃には、三千万人台まで落ち込むかもしれないという。つまり江戸時代に戻るというわけである。それはそれで、あらたな社会かもしれないし、その時には、その時なりの社会があるだろう。

だが人口が減ることは、本書の問題ではない。本書が問いたいのは、今の教育界の趨勢、学力向上は、誰のために、何のためになのかである。そこで本章の本題に入ろう。

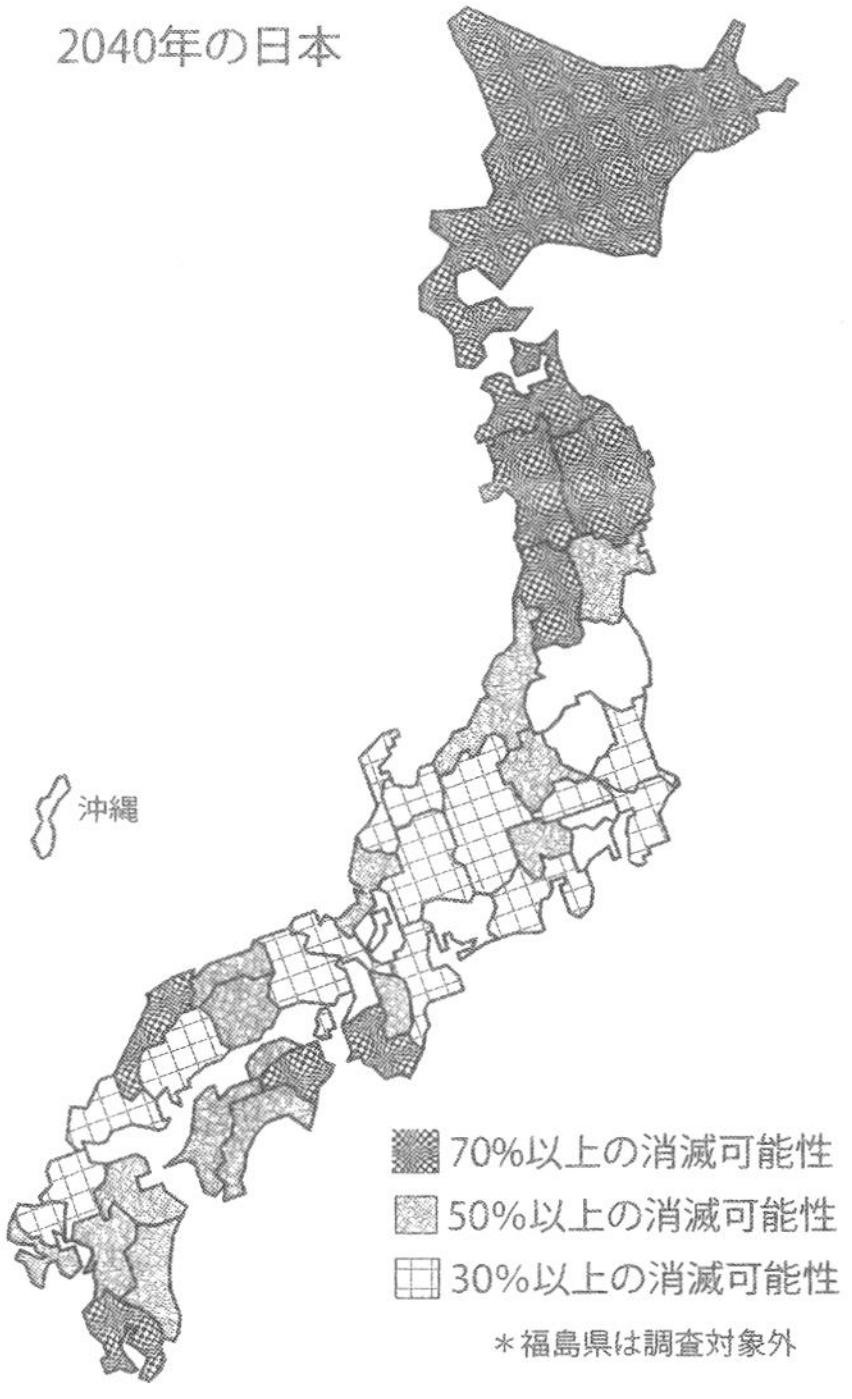

増田寛也（2014.07.15）全国知事会議提出資料
PowerPoint, p.19 より筆者作成

2　学力日本一・秋田の現実

若者が戻ってこない

秋田県の小中学校は、福井・富山・石川などと一緒に、全国学テで最上位グループをキープしている。まさに、「学力日本一県」である。だが数年前に、学会で秋田市に行った時のことである。空港からバスで秋田市に入った。だが、秋田駅の前には人がまばらであった。夜の繁華街も決して多くない。市内の古いデパートは、地上四階地下一階であるが、一階部分だけの営業である。もちろんそれは、よくある郊外型大規模店舗の展開による、中心市街地大型店の衰退のせいでもある。

しかしそのとき、「学力日本一、そしてだれもいなくなった」というフレーズが、ふっと口をついてでてきた。ホテルに着いて、秋田の現状を調べてみると、やはり年々一万人のペースで人口が減っている。秋田県の方には申し訳ないが、なにか矛盾を感じてしまった。なにも、秋田県を批難したり揶揄したいのではない。前述したように、私・小笠原の出身県・市も事情は変わらない。自分の子どもの学力が高いのは、どこの世界の親でも嬉しいことにちがいない。しかしいまの日本、学力を高めての立身出世に、どんな意味があるのだろうか。秋田県は、若者の流失率が日本一である。それは、秋田県のかなり前からの最大の悩みである。学力が日本一でも、だれもいなくなったのでは、元も子もないのではないか。本書は、筆者の一人・小笠原のこの素朴な疑問から生まれることとなった。

若者が学力を高めて、故郷をでていく。地元の大学にいくのではない。その昔は、秋田大学の鉱山学部は花形だった。だが、共通一次テスト（現・センター試験）の導入で、全国の大学が序列化する中、地方のその昔の国立大学二期校は、その特徴を失っていく。若者は学力を高めれば高めるほど、より都会の大学へとでていく。そして戻ってはこない。というより戻れない。

秋田県の人口問題対策プロジェクトチーム『秋田の人口問題レポート』（平成二七年三月）では、平成一九年三月卒業の高校生が、その後どうなったのかを報告している。それによれば、一一，〇一四人の高校生が、高校卒業や大学卒業後に、県内就職五三％、県外就職四五％であった。したがって、約半数弱が県外にでていることになる（次頁の図）。ただ他に学校基本調査によれば、秋田県の中学校を卒業した生徒の内、なんらかの理由で県外にでたのではないかと推測される生徒が、四四二人いる。

※平成一五年度中学三年生徒数一二，一六四人－平成一六年度高校一年生数一一，六七四人－平成一六年度専修学校入学者数四八人＝四四二人。

確かに、親の転勤ででる生徒もいるだろう。しかしどちらにしても、中学卒業の段階で、すでに県外にでるという生徒が、相当数いることは確かである。そうしたことを勘案すれば、義務教育を終えた子どもたちのほぼ半数は、大人になるまでに秋田県からでていくことになる。

こうして県外にでる若者が半数を数えることの影響は、さらにより深刻な影響を秋田県にもたらしている。それは、婚姻率の低さをもたらし、出生率の低さをもたらす。そうなるとさらにそれは、老年人口指数を高め、老年人口が増えれば、それは様々な死亡率を高めることへとつながっていく。そうして秋田県の人口減は、他の県をぐんと引き離していくことになる。

次の一覧表（**表8―1**）は、秋田県庁健康福祉部健康推進課がまとめた平成二五年のデータの中の、全国一のワースト・データである。子どもが減り、年寄りが増えていくのだから、様々な死亡率が高くなるわけである。

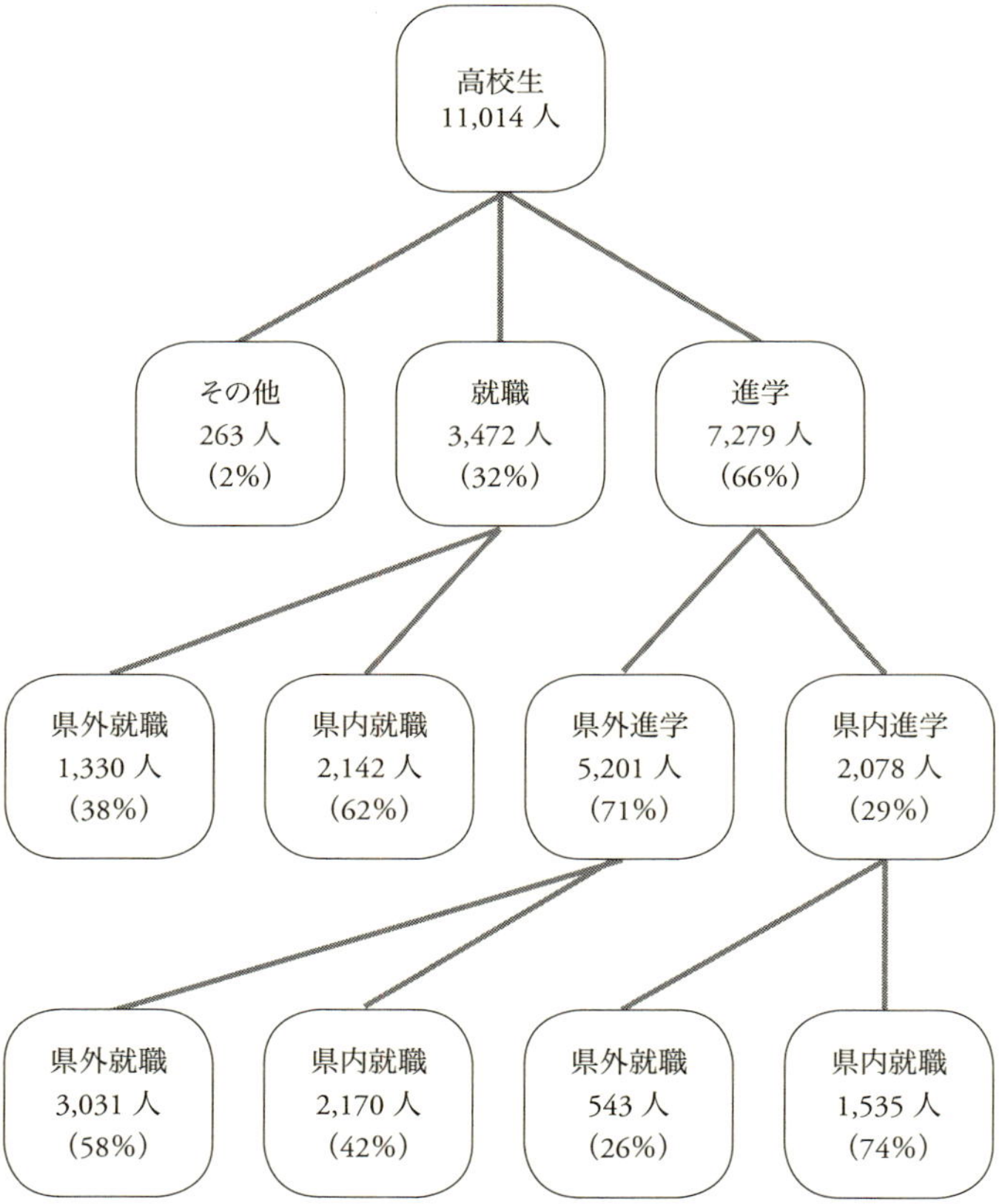

県内就職	5,847 人
県外就職	4,904 人
その他	263 人
計	11,014 人

表 8-1

	全　国	秋田県
出生率（1,000 人）	8.2	5.9
婚姻率	5.3	3.7
老年人口指数	40.4	54.9
死亡率（1,000 人）	10.1	14.2
自殺死亡率（10 万人）	20.7	26.5
ガン死亡率（10 万人）	290.1	392.8
脳血管疾患死亡率（10 万人）	94.1	162.7

こうした結果、国立社会保障・人口問題研究所『日本の地域別将来推計人口（平成二五年三月推計）』によると、二〇一〇年と比較して二〇四〇年までには、秋田県は、三五・六％の減になるという。これはもちろん日本一である。もっとも筆者の故郷の青森県も似たような状況で、三二・一％減で、秋田を追いかけている。

田舎をすてる学力問題

その昔、いま六七歳の筆者の中高生時代も、故郷を捨てて若者は都会にでていった。そう、中卒の金の卵たちである。その時は、学力が高いからでていくのではなかった。仕事が都会にあったからである。都会は、多くの若者を必要とした。その後、農村の母親たちは、子どもに農家を継がせたくなくて、学力をつけることに躍起となった。考えてみれば、今日の極点社会は、戦後の一貫した傾向だったのかもしれない。途中何人かの総理大臣が、それにあらがおうとした。だがことごとく失敗した。

もちろんその要因は、いろいろあるだろう。複雑にからみあった要因があるにちがいない。しかし本書の筆者らには、それを解き明かす能力はない。ただ、教育を研究している筆者らにできるのは、学力問題を中心に、その課題を明らかにする程度のことである。

秋田に限ったことではない。少しお金があれば、早ければ中学から都会周辺にでていく。東京中心の政治体制、中央集権的な官僚体制、人々の都会志向、中央への新幹線接続、メディアの中央支配、そうしたもろもろのことが、その背景にある。

筆者らは、そうした複雑で複合的な理由の一つに、学力問題があるのではないかと考えている。もちろん学力向上だけが、秋田の人口減をもたらしているのではない。秋田は、コメの生産が経済の中心である。このコメ生産は、昔のように人力を必要としない。なにしろコメは、今は機械化が進んで、座ったままで全ての作業ができると言われるくらいだからである。機械化生産ができることをめざした耕地改良が、皮肉なことに人を不要にした。秋田の場合は、それにコメ余りという追い討ちがあった。そうして、干拓の代表名詞であった八郎潟がつぶれ、失われた二〇年のために、なにかの工場を誘致することもままならなくなった。

中央から離れた東北は、都会のひずみを押し付けられることはあっても、その恩恵にはあずかれない。秋田は、そうした中でも子どもを大切にしてきた。しかし戦後の教育政策は、秋田のようなところが努力すればするほど、その子どもたちを中央に吸い上げる。それは、戦後日本の一貫した教育政策だったのではないか。今日の極点社会の状況は、その結果だったのではないか。

学力日本一、そしてだれもいなくなった

しかしもちろん筆者らに、この状況を改善する処方箋があるわけではない。しかしそれでも筆者らは、学力問題を中心に問題提起をしたい。それは、今の学力向上は、出ていく人も残る人も幸せにしないのではないか、という問題意識があるからである。地域を大切にする学力のあり方はないものか。もちろんそれで、全てがよくな

るわけではない。しかし、いまの実態、学力への考え方なり思想なりを改善することは、少しは役に立つのではないか。

学力問題は、都市問題である。そしてそれは、どう生きていくかの問題である。筆者は以前、学力問題は幸せ感の問題だとのべた（『学力問題のウソ』ＰＨＰ研究所、二〇〇八年）。なぜなら、どういうところに住み、どういう仕事をして、どういうコミュニティで生きていきたいのか、そのことが学力の中身を具体的に作るからである。そうでなくては、宙に浮いた知識の学力でしかない。小学校で学ぶ知識が自分の世界のことではなく、中学校で学ぶ知識がただの暗記フレーズでしかなく、高校で学ぶ知識が大学入学のためでしかないならば、それは根無し草の人間を作るだけである。

「学力日本一、そしてだれもいなくなった」というこのフレーズには、学力を高めて地方から人がいなくなることのみを込めているのではない。子どもをみていない、子どもに寄りそっていない、子どもばかりか国民そのものをみていない、つまり日本の国民の生きる姿をみようとしていない教育政策のことを、このフレーズは意味している。だからこのフレーズは、「学力世界一、そこに人はいない」と言い換えてもいいかもしれない。

この数十年、国は「生きる力」を唱えてきた。だがそれは、「馬車馬のように働け」といっているように聞こえる。自分や家族のささやかだが、しっかりと根をはった幸せのためではなく、国家繁栄のため、経済力向上のために、といっているように感じる。

だがすでに始まっている、産業革命以来の、それを超える社会変動の時代を迎えて、私たちは、教育によってどこに行こうとしているのか。人工知能とロボットとビッグデータ、そして３Ｄプリンター、これらが作り出す二一世紀。自動運転の電気自動車が音もなく走り回る鉄腕アトムの世界。さまざまなバラ色の話とともに、いくつかの不安な話も聞こえてくる。

　これからの社会、人間がそれらに従属することになりはしないのか。二〇一四年に発表された、オックスフォード大学の調査では、これから一〇年から二〇年の間に、様々な仕事が自動機械に置き換えられて、四七％の仕事が失われることになるという。そうなると、産業革命のときのように、職を奪われ順応できなくなる人が、大量にでてくるのではないか。二〇一五年一月の世界経済フォーラム（通称・ダボス会議）では、この大量失業問題が大きな議論になった。果たして、効率だけでいいのだろうか。

　学力というと、なにかそうしたものがあることを当然視してきた。それは、栄養のある食べ物のようなものである。だからともかくも蓄えておこうというわけである。だが、御多分にもれず筆者も、その一人であるメタボ時代、ただ摂取すればよいという時代は、とっくの昔に終わっている。それにもかかわらず、秋田をはじめ、あちこちの自治体で塾を開いたりして、学力向上にやっきとなっているのは、なにか物悲しくもある。地域の税金で地域からでていく若者を育てているアイロニー。

3　東井義雄の「村をすてる学力」

　東井義雄（一九一二～一九九一）という人が、一九五七年に『村を育てる学力』という本の中で、「村をすてる学力」ということをのべている。東井という人は、岡山の出身で、姫路師範学校を出た後、ずっと主に小学校の教員を勤めた人である。この人は、「生活綴り方運動」という世界でも稀な教育運動に、長くかかわった人としても教育の世界では著名である。この人の「村をすてる学力」の考え方は、本書で考えてきたことにある面で近い。そこでこの東井の言葉に少し耳を傾けてみたい。東井は、まずこういう。

私が「村を育てる学力」などというと、学力に「村を育てる学力」や「町を育てる学力」というようなものを考えるべきではない、学力は、いつ、どこへ行っても通用する、普遍妥当な学力をこそ念願すべきだ、と考えられる人がきっといると思う。そうして、そういう人は、いわれると思う。〔中略〕村のこどもには、進学・就職の希望を持たせ、村の空は、そのまま都市の空につづいているという意識を育てるべきだ……と。（東井、一九六七、一七〇―七一頁）

東井のいう村や町は、戦後すぐの世界での話しである。貧しかったあの頃、まずは集団就職という形で、村や町を子どもたちは出て行った。農村の母親たちは、古いしきたりに縛られた農業を継がせないために、子どもたちを塾にやった。塾の発達は、都市部より先に農村部で始まったといわれる。そうした地方の村や町では、当然のごとく「村をすてる学力」が目ざされた。

教育学の世界では、明治以来の立身出世主義が学力中心主義を産んだといわれる。だが、戦後については少し違う。戦後、男女平等、主権在民、普通選挙の実施によって、長く発言権を奪われていた女性たちが声を出すようになった。その先鋒が農村のオカアたちだった。彼女らは、寝食を切り詰めても、子どもの学力をあげることに躍起となった。自分と同じ目にあわせたくなかったからである。

そうして子どもたちは村を捨て、町を捨てた。筆者の故郷・青森県八戸市は、東北でも大きな産業都市であるが、それでも田舎にいた親戚一一人の子どもたちの内、八人が、東京とその周辺に住んでいる。そうして東京は、大いなる田舎といわれるようになった。象徴的には、東京は青森と鹿児島でできているともいわれる。つまり日本の両端（当時は沖縄はまだ返還されていない）に象徴される、田舎から集まった若者たちでできているというわけである。

普遍妥当な学力と生活に活きる学力

それはともかく、この東井の言葉に一つ重要なキーワードがある。それは、「普遍妥当な学力」という言葉である。確かに「学力は、いつ、どこへ行っても通用する、普遍妥当な学力をこそ念願すべきだ」というのは、いまでも変わらない考え方である。

東井も、「学力には普遍性がある。それもその通りだと思う。〔中略〕だからこそ、子どもの太る論理の中の『教科の論理』を重視してもいるのだ」（東井、一九六七、一七一頁）とのべる。だがさらに、続けてこうのべる。

しかしながら、その普遍妥当な価値の体系は、子どもたちの「生活」の中に、消化されて、はじめて「学力」となるのである。価値はそのままでは「学力」ではない。それが、「学力」となるためには、一度、どうしても、子どもの「生活」をとおさなければならない。

ところが「生活」には、明らかに地域性がある。村の子には村の子の「生活」があり「生活の論理」がある。価値がどのように普遍妥当なものであっても、それが子どもの生活に消化された時、地域のにおいを持ってくるのは当然である。〔中略〕

価値の体系の方が子どもたちを導き、子どもたちに影響を与えていくことも事実ではあるが、価値の方が、

子どもたちによってどうにでも消化されることも事実である。(東井、一九六七、一七一－一七二頁)

ここで東井のいうことは、確かに一々もっともである。どんな知識でも、子どもの外にあるときは誰にでも同じ顔をする。そうした意味で、普遍的な知識があるようにみえる。だが実際のところは、それを受け取る個々の子どもにおいて、それぞれに異なったものになるのは明らかである。生活の中で確かめてこそ、よりよい知識となるというのは、しごくもっともな感覚である。

知識は生活の中で確かめられない

だがこの東井のもっともな論理は、残念ながら、ある観点からあっさりと反論されてしまう。それは、知識の多くは、生活の場で確かめることのできないものであるという事実である。

例えば歴史の知識は、そもそも過去のことである。確かに地域の歴史は、生活のそこそこに顔をだすことがある。だが多くの歴史的知識は、普段の生活に顔を出すことはない。西の瀬戸内海の人々は、義経の源平合戦は身近でも、鎌倉時代を生活の中で確かめることは容易ではない。たとえ鎌倉に住んでいるとしても、この事情は同じである。

自然科学の知識の多くは、生活の中でそのまま感じられない。今日では、それはますます少なくなっている。私たちの生活を支えているのに、どんどんブラックボックス化してしまい、以前ならば直せるようなものでも、今は無理である。車もボンネットを開けることはない。ラジオや、今では死語になったステレオも、自分で作ったり直したりできたものだが、今では不可能である。

自然科学は、自然という現在の世界の話だが、それでも生活を通して理解することは容易ではない。なぜなら自然科学の知識の多くは、精密な測定と観察によって導かれる上、しばしば日常概念とかけ離れているからである。等速直線運動をしている電車の窓からボールを落とせば、外にいる人からは、進行方向に放物線を描いて落下することを理解していても、それを生活の中で確かめることも活かすこともない。そんなことをしたら、罪に問われかねない。

数学にいたっては、ものすごく生活に役立っているにもかかわらず、どこに活きているのかほとんどみえない。年末ジャンボ宝くじの一等が七億円になったといっても、その前の年の五億円からみたら、倍の二〇〇〇万分の一の確率になって、いっそう当たらなくなったと聞かされても、宝くじを買うのを諦めたりしない。どこで買っても確率は変わらないのに、わざわざ遠くから有楽町まで出かけたりする。私たちは、知識を生活の中で消費している。だが、それを意識することはほとんどない。

しかしながら、普遍妥当な知識を学ぶことは、極めて大切であることを忘れてはならない。知識は、自分では体験できないことを教えてくれる。文字によって表された世界は、狭い地元にいたのでは到底知り得ない、広大な世界を見せてくれる。これほどの素晴らしいことはない。とりわけ戦後は、多くの子どもが中等教育を受けられるようになり、今では半数の子どもが高等教育まで受けられるようになった。その効果は絶大で、戦後の高度成長の原動力でもあった。ここにどんな問題があるというのか。いいではないか、今のままで。

と、このように、東井の主張はあっさりと反論される可能性がある。生活をとおしてこそ、個々の子どもにあった知識になるという論理、だからこそそれは村をすてる学力ではなく、村を育てる学力になるという論理は、こうして力を失った。生活綴り方運動は、高度成長の都市化の中で消滅していった。

私たちが知識と呼んでいるものは、確かに最終的には、行為なり経験のテストを受けなくてはならない（ここでいう経験とは、運動や皮膚感覚などの感覚機関による認識をさす）。しかしそれは、大枠ではということであって、必ずということではない。知識のほとんどは社会的に構成される。そこに直接かかわっている人は、確かに経験的に確かめているかもしれない。しかしほとんどの人は、それをただ受け取るだけである。そうではあっても、パリにいったことがなくても、旅行案内書を読んで憧れをもつことはできる。家庭洗剤でも、他のものと不用意に混ぜると危ないということは知っておいていい。

経験でテストできない知識

一般に、知識を理解する方法には、二つの方法がとられる。一つは、運動や感覚によって対象を認識する非言語的経験による方法である。もう一つは、コトバや絵図といった記号による方法である。運動や感覚による認識は、記号に置き換えることなく意識されずに習得される。しかし運動や感覚であっても、それをコトバ化すれば、そこからは記号による認識の領域となる。私たちが普通、知識と呼ぶものの大半は、この記号による認識である。運動や感覚といった経験による認識は、極めて限定的である。私たちが日常で、経験でわかるというのは、そのほとんどはむしろ言語的な認識である。百聞は一見にしかずというが、一見は百聞があるからに他ならない。

こういうと、地理的知識を学ぶ時に、白地図を使って書き込むという経験をして学んでいるのではないか、といわれるかもしれない。しかしその場合であっても、書き込むのは地図記号であったり文字記号である。手で書き込むことで、記憶によく残るということはあるだろう。しかしそれとてもその学習は、記号による認識であることにかわりはない。私たちは、現実を記号に置き換えて、状況から離して考えることができたので、より複雑なことや、めったに起こらないことを考えることができるようになったのである。

話を戻すと、知識の大半は個人のレベルで経験のテストにかけることはほとんど無い。それは、経験科学をやっている科学者でも同じである。彼らの扱う知識のほとんどは、彼ら自身で確かめたものではない。だからこそ科学が発展できた。多くの知識は、他の知識との関係で意味をもってくるのであって、経験によって意味をもつことは少ない。確かに知識は、たどっていけば、いずれ何らかの意味で経験的なことに結びつく。しかしそれを意識して、いちいち確かめることは不要であり不可能である。

例えば水の沸点が、今は九九・九七四℃であることを確かめることは、不要であり不可能である。不可能というのは、そんな厳密な実験など、普通の人にはできないというのではない。原理的に不可能なのである。科学的な単位は、実験などで一意的に決まるのではなく、多数の実験の平均と、それを踏まえた研究者集団の話し合いで決まるからである。だから理論上、世界のだれも九九・九七四℃を確かめてはいない。

そしてさらに、多くの知識は、それなりに知っていればいいということもある。いってみれば、とりあえず頭の片隅にあって、どっかで必要になったら、記憶の引出しから取り出せればいい。確かにコトバだけで知っているのは、決して好ましいことではない。知っているというには、少々気がひける。

しかしそれでも、コーランは、イスラム教の経典であって、キリスト教の経典ではないこと。ロシアは、少し前までソビエト連邦であったこと。地球は、太陽系の一部であって、その太陽系は銀河系の一部であること。ＡＫＢ48は、肥料の名前ではないこと。などなどは、コトバだけであっても知っている方がいいのではないか。広い意味で社会生活を送る上では必要なのではないか。

こうした反論を突きつけられると、東井の主張は力を失うように思われる。実際そうして、私たちは生きている。いろいろ批判はされた。自分でも、こんなことを知ってどうするのかと思ったことも多々ある。とりわけ大学受験に代表される、細かな知識中心の勉強は、全くとはいわないまでも、意味もわからず鵜の真似をしていたようにも思える。にもかかわらず、こうした反論をされると、どうもうまく切り返せなくなる。本当のところは、どうなのだろう。

4　知識を知っているとはどういうことなのか

普遍妥当な知識とは

いまみたように、知識の根拠を経験に求めることは、社会全体としては必要であるものの、個人のレベルでは必ずしも必要がない。そしてまた、確かめること自体不可能なものも少なくない。とはいうものの、東井が「澄ちゃんという子どもの学習」の事例で出すように、生活の中で活かすことは必要なのではないか。澄ちゃんは、算数でも理科でも国語でも、知識を教科書の中の問題を解くのにとどまらせてはいない。澄ちゃんは、それを自分の生活のあれこれを考えることに応用する。そうして、自分の生活を改善していこうとする。

確かに澄ちゃんは素晴らしい。だがその素晴らしさは、知識を生活に活かしていこうとする姿勢にあるのであって、生活を通さなくては知識ではないというのではない。だから澄ちゃんにおいても、知識は相変わらず普遍妥当の顔つきをしている。だが知識が普遍妥当であるというのはどういうことだろうか。これを問い始めると、東井の論理も、それへの反論も共に怪しくなる。

知識は、命題、つまり文章の形で表すことができる。身体的なものは別として、多くの知識は、文章の形をとって、初めて知識となる。

東京は日本の首都である。　　頼朝は鎌倉に幕府を開いた。
水の沸点は、一〇〇℃である。　水の化学式は、H_2Oである。

では、知識が「普遍」であるというときの、普遍の意味とはなんだろうか。それはもちろんいうまでもなく、全国どこでも、いや世界中どこでも、同じようにその知識が役に立つ、使えるという意味だろう。客観性が高くて、だれが確かめても、手続きさえ間違っていなければ、いつも同じような結果になる。そしてかつ、多くの場面や事態に当てはまる、抽象性が高いという意味である。右の例でいえば、これが普遍的であるというのは、日本でも世界でもどこにいっても、これらの意味が変わらないからである（もちろんその国のコトバに翻訳すればだが）。

確かに、研究が進んで、あるいは厳密な言い方で、この表現に修正が加えられるかもしれない。東京は日本の首都と決められているわけではないとか、頼朝は幕府を開いていないとか、水の沸点は、九九・九七四℃であるとか、水には、重水などがわずかながら含まれる、といったような修正が加えられるかもしれない。しかしそれは、こうした知識が普遍的であることを崩しはしない。少し違った普遍妥当に変化するだけである。

だが、よくよく考えてみると、これらの文章が普遍妥当であるというのは、コトバの上だけのことではないだろうか。つまりこれらの文章は、どこに持っていってもこのまま通用するが、このままでは特に何の意味もない。どういうことか。

知識の普遍性は文のつながりで保証される

まず、個々のコトバは、それだけでは意味をもたない。つまり「東京」「頼朝」「幕府」などのコトバは、それだけでなにかの意味をもつのではなく、文章の中に位置づけられて初めて意味をもつ。だが文章になったからといって、即座に普遍的な意味を獲得するわけではない。正確にいえば、意味はあるのだが、極めて薄くしかない。この文章を単発でいわれたときのことを考えてみればよい。たとえば、だれかが「東京は日本の首都である」と述べたとしよう。するとあなたは、「え、なに？　だからなんなの？」と、その人に尋ねるのではないだろうか。

すぐに気づくように、なにかの文章は、それをとりまく他の文章との関係で意味をもつ。しかもさらに、それを発するにふさわしい場面や、人間関係なども含んで成り立っている。いまの例でいえば、なにかの政治的な討論の場面で、「東京は日本の首都である。といわれているが、それはあくまで慣習にすぎない。法令で定めているわけではない。首都が複数ある国だっていくつもある。だから、大阪も首都になってもいいじゃないか」といった議論の中でいわれると、より深い意味、より影響のある意味を獲得してくることになる。

こうしたことからみると、なにかの文章、とりわけ教科書の文章は、そうした場面や関係性を、かなり抜き去って書かれていることがわかる。それは、教師がそうした文脈や場面、そして他の関連する文書を適切に生徒に提示することを前提にしているからである。したがって、ある文章が普遍的な意味をもつのは、あくまで適切な場面で再生された場合とか、教師によって適切に補強される場合を前提にしていることになる。例えば、中学校の歴史では、次のように書かれる。

頼朝は、家来となることを誓った武士を御家人にして、先祖から引きついだ領地の支配をみとめたり、てがらに応じてあらたな領地や守護・地頭の職をあたえたりしました。これを御恩といいます。ご恩を受けた御家人たちは、合戦に出て奮戦したり、京都や鎌倉の警備に出たりする義務を負いました。これを奉公といいます。(『社会科　中学生の歴史―日本の歩みと世界の動き』平成一七年一月、帝国書院)

こうした文章は、もちろんある程度は鎌倉時代からの封建制度の始まりを語っている。だがこれだけだと、まだあまり豊かな意味を生徒に伝えない。教師は、この中にでてくる、例えば守護・地頭といったコトバの意味を解説するかもしれない。よく知られているように、鎌倉時代の守護・地頭は鎌倉政治の特徴の一つである。守護・地頭については、一九六〇年代から三度にわたり論争が繰り広げられており、近年の論争から次第に解釈が変わってきている。そのため、いまの教科書の記述も、ここでの文章とは少し異なってきている。

こうした解釈の発展を踏まえながら、教師はさらにこの概念を理解しやすいように、その語源や今日につながる話をするかもしれない。例えば、「地頭」の「頭」は、「主」を表すとか、「守護」は後に守護大名となっていくとか、守護が派遣された「国」は、律令制で定められた六八令制国だけれど、それは今日の県の割り方の基となっているという話をするかもしれない。あるいはさらに、最近ではあまり聞かれなくなった、「泣く子と地頭には勝てない」という、ことわざの話をするかもしれない。

ともかくこうして教育の現場では、様々な話をして子どもたちの理解を深める努力をする。子どもたちは、そうした様々な話が織りなすネットワークの中で、守護・地頭に特徴づけられる鎌倉時代を理解していく。こうしたように、ある知識は、けっして単独で意味をもって存在しているのではない。種々の概念を表す単語と、それを表現する文章のネットワークの中で、他の知識との関係の中で意味を獲得している。

こうしたように知識の普遍性は、知識のネットワークの中で獲得される。知識のネットワークは、個々人の受け取りのバラツキを少なくすると考えられるからである。この点、すなわち知識の普遍性は、個々それぞれの単語や文にあるのではなく、ネットワークの中にあるという点が重要である。つまり知識の普遍性は、個々の知識と知識の関係性の中で保証される問題だということである。そこで教育の問題は、その関係性を豊かに学習者の中で実現できるかどうかになる。

理念で語れてきた従来の議論

この点において、従来の教育論議はしばしばすれ違ってきた。一方では、東井に代表されるように、生活の中で応用されなくては、知識とはいえないといわれてきた。コトバだけで知っていてもだめである、体験や経験を通じて理解しなくてはならないと主張されてきた。そして他方では、それでは学問の系統性を保証できないし、それに裏打ちされる文化の継承もままならない。知識をきちんと覚えないのでは、学力の低下を招くと主張されてきた。こうしてこの両者は、幾度もすれ違いの議論を重ねてきた。

だが考えてみてほしい。この両者とも一種の理念で語っていて、子どもの現実も、知識の現実もみていないのではないだろうか。現実の授業の中での子どもたちは、学んだことを実際の生活に活かす余裕など与えられていない。知識を系統的に教えなくてはならないというが、結局は断片的な記憶中心に追いやられている。どちらも、理想的にはという話をしていて、現実をみようとはしていない。つまり大人の側からの、上から目線なのである。その上で、生活経験だ、学問の系統だと論争している。

確かに、学んだことを実際の生活の中で経験的に確かめることは重要だろう。だが、先にのべたように、すべての知識を経験的に確かめることはできない。確かめられるのは、せいぜい小学校で学んだことの、それもほんの一部にすぎない。しかしその程度であっても、知識のネットワークで考える余裕も、それを自分なりに表現することも学校では認められない。要求されるのは、貧弱なワークブックでの、断片的な知識の個別的再生である。

学問の系統は重要である。しかしそれは、個々の学習者の中で系統化されることが実現されてのことである。学習者が、知識のネットワークを自ら再構築しなくては、学問の系統もなにもあったものではない。

歴史は、人の物語である。ならば学習者は、それを自ら語ってみなくてはならない。自然科学の知識は、多くの実験と観察によって構成されている。しかし実験も観察も、決まったように、いわば教科書通りにできることはない。案外大きなバラツキがあるものである。それでもそこに、より近似的な自然の営みを見出し、学習者自らの思考によって語らなくてはならない。歴史と科学は、よく似たところがある。歴史は人が織りなす物語であり、科学は自然が織りなす物語だからである。

ともかくも知識を身につけるには、知識のネットワークを自ら再構築することが求められる。それをなくしては、知識は知識ではなくなる。なぜならそこには、思考が働かないからである。思考を働かせない、記憶に頼った文言は知識ではなく、無意味綴りである。意味は、関係的に物語る思考によって生まれる。

いま流行りのディープラーニングの人工知能であっても、知識と知識の関係の中に意味を見いだすことはしない。確かに人工知能の出力は、知識と知識の関係づけを行っているかのように見える。だがそれは、あらかじめ人間が組み込んだ計算式にのっとって、確率的に関係づけているにすぎない。少なくともいまのところ、知識と知識を関係づける確率に依存しない志向的意味づけは、人間にしかできない。

とするなら、今の学力向上をめざしてのテスト政策は、学力の向上になっていないことになる。学力とは何かという議論の前に、そもそも知識を身につけさせないようにしているからである。7章でみた、あの貧弱な学力テストは、思考を強いていない。学力とは何かの議論は、その知識がどのような役割を学習者の中で果たすかによる。とすれば、いまの学力向上は、そもそも学力など論じる以前のままであることになる。

では、こうした状況は、なぜ「そして誰もいなくなった」になるのだろうか。この問題を最後に考えてみたい。

6　そして誰もいなくなった

田舎を捨てる理由

さて、学力が上がると、なぜ人は田舎を捨てて都会に出てしまうのか。もちろん田舎を出て行く理由は、それだけではない。主な理由は、今日ではなんといっても仕事がないからである。仕事の問題、地域の人間関係の問題、ファッションなども含めた情報の問題、などなどいろいろな問題が複合的に働いている。そしてなんといっても、長く続いている政治と行政の中央集権化が、大きく響いていることは確かである。

では、教育からみた場合、田舎を捨てる理由にはどういうものがあるのか。もちろんこれも単純ではない。おもいつくまま、いくつか挙げてみよう。

《田舎を捨てる教育上の理由》

・人は勉学に励んで中央にでて、立身出世して故郷に錦を飾るのだという、中央での出世主義。

・都会の大学には良い先生がいて、よい教育を受けられるという、よい大学とよい教育の同一視。

・都会の大学・専門学校は、就職に有利だという、就活問題。
・知らない地域からの新しい人と触れ合えるという、脱田舎人間関係願望。

田舎を捨てる理由には、こうしたことが挙げられる。だがなんといっても、私たち日本人に染み付いた、学力が高ければ大都会・中央の大学に出るのが当然という意識が、背景にあることは確かだろう。それが、確実な成功や家庭的な、あるいは人生の幸せを保証しないにもかかわらず、人はこれまでこうした理由に、疑問をあまり差し挟まないできた。

外国のことはよくわからないが、少し知っているアメリカとは大違いである。アメリカでは、田舎がいいという思考法が根強くあって、ニューヨークなどの大都会に住んでいる人は、人間的ではないといった思想があるようにみえる。

もちろんそのことは、単純に良い悪いの問題ではない。しかしこうした日本の思想傾向は、確かに教育の一つの側面ではあっても、それはより表面的な問題、あるいは教育に付随した問題であるように思える。もっと根っこの部分で、私たちの志向を支えているものがあるのではないか。それが、本書の問いたいことである。ではそれはなにか。

悪しき点数主義

結論からのべれば、それは悪しき「点数主義」ではないだろうか。

しかし点数主義といっても、筆者がのべるのは、普通いわれるのとは少し異なる。というのも普通、点数主義とは、

『デジタル大辞泉』によれば、「テストの得点など数値で示される結果に基づいて学力・業績・適性、さらには人の価値を判断しようとする考え方」ということになるからである。筆者のいう点数主義は、この数値で人を評価することを否定はしない。ではなにを否定するのか。

点数主義には、以前より批判があった。しかし逆に、点数主義でいいのではないかという考え方もいわれてきた。批判の方は、点数で人間の価値は計れないというのが、その中心である。他方の賛成の方は、氏育ちではなく、その人の努力によって将来が決まるのだから、点数による評価は、平等で公正であるというものであった。

この両方の言い分には、それぞれにもっともなところがある。点数では、その人の可能性は計れない。点数に現れない個性や特性もある。技能的なものは、点数では計りきれない。それになんといっても、点数による序列付けは、人間を単なる社会の歯車化するのではないか、といった懸念もある。

他方、点数主義の賛成派の言い分にも、もっともなところがある。明治から始まった近代教育は、それまでの身分による学びの差別をなくした。誰でもが、努力すれば、あるいは能力がありさえすれば、より高い地位を獲得できる。それを保証するのが点数による評価である。今予定されている二〇一九年からの大学入試は、人物重視といわれる。だがそれでは、公平・公正が保てないのではないか。こういったそれぞれの言い分がある。

このどちらも、一見するともっともであるようにみえる。だがこの「点数」とはなにかを少し考えてみると、どうもあやしくなる。というのも、点数というと、大方の人は数字のことだと思っているからである。人を評価する場合に、点数ではわからないという。だが、では「よい、普通、悪い」はどうか。実は、一見すると質的な評価にみえるこうした評価も、量化していることには変わりがない。

よい・ふつう・わるい　↓　○・△・×　↓　A・B・C　↓　3・2・1

なにかを測るときに、数値を尺度に使うのは「比率尺度」とよばれる。他方こうしたように、大雑把ではあっても程度を求める尺度は、「順序尺度」といわれる。しかし見ての通りこれも、量的にとらえていることには変わりがない。だから反対派のように、人は数値では計れないとはいっても、大雑把ではあっても、私たちは人をある程度量化して評価している。

この問題はどこまでいってもつきまとう。好き・嫌い、高い・低い、上手・下手、美味しい・まずい、などなど多くは二分法か、せいぜい三分法でしかなくても、量化して対象をとらえていることには変わりがない。したがって、反対派の数量で人の価値は計れないという論理は、あまり十分なものではないことになる。

では、賛成派はどうだろう。実はこれも十分とはいえない。これには、本書の第Ⅱ部でみたように、従来から批判があった。それは、家庭環境が良くないと、そもそも努力そのものができない、あるいは最初から差がついてしまっているのではないか。それは、東大入学者の家庭が、全国の大学でトップの高額所得であることを見ればわかるではないか。だから家庭に格差のある現状では、平等・公正が、そもそも保証されない、といったものである。だがここで筆者がいう不十分の理由は別にある。

家庭の問題は、確かに重要だが、それは社会政策上の問題であって、教育そのものの問題ではない。教育の問題は、その努力の中身である。人を量的に評価すること自体は、避けられないし、確かに平等・公正である。したがって点数主義の問題は、別にある。

それは、なにを計ろうとしているのかである。数量はいいとして、そのテストが、人を正しく計っているかどうか。

正しくとは、私たちが求めるものを計っているかどうか、あるいはその人のめざすものを計っているかどうかという意味である。誰も、小学生に微積分の問題をだして、正しく能力を計っているとは認めない。物理学者になりたくて大学を受験する人に、地理のテストで評価しようとはしない。つまり問題は、数量化がいいか悪いかではなく、求める能力を正しく反映しているテストかどうかなのである。

そうだとすれば、点数主義は言い換えられなくてはならない。

> 点数主義とは、思考力をみようとせずに、断片的知識の記憶再生を求めるテストの結果によってその人のすべてを評価しようとする考え方である。

こういえば、それはどうかなと、疑問がすぐにだされるだろう。記憶ばかりではなく、思考力を問う試験はあるのではないか。だとすれば、この筆者らの再定義は当てはまらないのではないか。と、このように反論されるだろう。

筆者らも、この反論はもっともであると思う。だが、ここでも現実を私たちは見なくてはならない。現実のテストは、7章でみたように、意図的に点数をある程度までに引き上げるためのものになっている。そのため、二章でみたように、各都道府県で差がつかなくなっている。こういうものにたくさんの税金をつかっている。これが現実である。

こうしたテストによって計られるのは、知識ではない。知識というためには、先にみたように、それらが関係付けられていなくてはならない。関係づけがないか、極めて少なくて、主に語句の文字画像記憶に頼る解答を求める教育は、知識を教えていない教育となる。現実に生徒たちは、赤や緑の下敷きを使って、教科書や参考書の単語を丸呑みする勉強をさせられている。

小学校ならばまだそれでも、少しは自分の考えをいわせたりする（といっても最近はそれもなく、テクニックに頼ったお決まりの授業も少なくない）。しかし中高となると、いわゆる詰め込みになる。それは、全く知識ではないとはいわないまでも、すぐにはげ落ちる根無し草のような知識である。そしてそのことは、当の中高の生徒たちがよく知っている。

こうした教育は、なぜ田舎を捨てることになるのか。点数主義とは、考えさせない、自分の意見や思想を持たせない教育である。文科省は、言語活動を重視し、最近ではまたぞろ目新しいコトバのアクティブ・ラーニングも強調する。だがこれまでのような考えない教育を放置している限り、それらは夢のまた夢である。こうした考えない教育は、どういう結果をもたらすか。

主体性を失った学びの行く末

ここでもう一度、東井のコトバに戻ってみよう。東井は、村の子どもの学力は、主体性の問題であると、次のようにのべる。

この、地域的特質の中で、一番、問題にされる必要のあることは価値に対する貪欲の問題である。貪欲の問題は、言いかえると、「主体性」の問題である。村の子どもの「学力」を、どのような性格のものにするかは、かかって、この「主体性」の在り方如何による。

〔中略〕

ところが、「学力」に地域性を認めまいとする人たちは、前にも述べたように、「意識の都市化」の側から、「学習の主体性」をかりたてようとする。村の子どもたちの希望を、都市の空に描かせることによって、「学力」の昂揚をはかろうとする。この立場からは、「進学・就職指導」が第一の大きな実践的問題となることは当然である。（東井、前掲書、一七二―一七三頁）

と、このようにのべる東井は、村の生活を見なおし、村を愛する学習によって子どもの主体性を確立すべきであるとして、前述の「澄ちゃん」の学習を紹介した後で、さらに次のようにのべる。

村を愛し、自分の毎日の生活を愛し、大じにしている学習によって、子どもの主体性を確立してやることはできることだし、それによって「学力」の昂揚をはかることができるばかりか、子らに生きがいを目ざめさせることもできると思うのである。

「村を育てる学力」は、子どもを村にしばりつけておくための学力ではなくて、子どもに、生きがいを育てる学力なのである。（東井、前掲書、一七八―一七九頁）

これまでのべてきたように、知識の多くは、必ずしも毎日の生活の中で確かめることができないものである。しかし、そうではあっても、この「主体性」の確立は必要であるように思われる。東井のめざすように、知識を日々の生活におろして理解することはなくても、自分なりに知識を構築することで、自分の興味や生き方を考えることはできる。

そしてそれは、単純な中央志向を減じることにつながる。なぜなら点数主義は、正に点数だけが進学の目安なので、より高い点数＝より高い点数の大学、といったことにつながるからである。知識内容への興味が目安であれば、それはその知識をさらに高める大学・学部・学科へとつながる。その結果が中央の大学への進学であれば、それはそれで意味があるだろう。だがしかし現状では、とにもかくにも偏差値に頼った進学にならざるをえない。これはここで指摘するまでもない。

ここまでの指摘が、ある程度意味があるとすれば、整理すればそれは次のようになる。

東井のめざす学力の生活主義は、重要ではあるが、これだけで知識のすべてをカバーすることはできない。

←

しかも、現状の知識中心主義は、実際には知識を教えていない。それはむしろ、知識そのものへの興味を失わせ、思考力も主体性も奪うものとなっている。

←

知識への関心を奪われてしまえば、残るのは結果としてでてくる点数への興味ばかりとなる。

←

点数ばかりに狭められた興味は、全国一律の序列に支配される。

←

その結果、どうしなくても中央中心の進路を選ぶことになる。

↓

結果、学力日本一、そしてだれもいなくなる。

この運びが、本章の論理である。もしこの論理が、いく分かでも意味あるものなら、私たちは、より根本的に教育のあり方を問い直さなくてはならない。おそらくそれは、単に地方創生を超えて、日本全体の問題にまでなっている。

いまのままでは、「学力世界一、そして日本からだれもいなくなった」とすらならないとも限らないからである。実際、シカゴであった人工知能の研究者の院生は、日本に帰る気はないといっていた。すでに指摘されているように、少し余裕があれば、海外の大学に出ていく若者が後を絶たない。明治からもうすぐ一五〇年、いまその転換点に日本の教育が立っているのではないか。少し大げさかもしれないが、その危惧を拭い去れない。

参考文献

秋田県庁健康福祉部健康推進課（2014.06.04）「平成25年人口動態統計の概況（秋田県分）」http://www.pref.akita.lg.jp/www/contents/1401511145713/files/gaikyou.pdf　2015.04.24 取得
秋田県庁企画振興部 総合政策課人口問題対策プロジェクトチーム（2015.03）『秋田の人口問題レポート』http://www.pref.akita.lg.jp/www/contents/1425347455427/files/jinkou_zentai.pdf, 2015.04.24 取得
小笠原喜康（二〇〇八）『学力問題のウソ』ＰＨＰ研究所
東井義雄（一九八四）『村を育てる学力』（ほるぷ現代教育選集―15）ほるぷ出版（原著、一九五七、明治図書）

第9章　これからの学力

1　人工知能とこれからの教育

では、これからどんな学力が求められるのか。前章でのべたのは、「考える学力」が結局は、地域を捨てない学力になっていくのではないかということであった。確かにそれは、少し消極的かもしれない。もっと確実に地域にとどまる学力を提案できればいいのだが、いまの事態は、そう簡単ではない。とはいえ、この最後の章では、少しはそれにつながる提案をしてみたい。

そこでまず、「考える学力」がいまどうしても必要になってきている問題から、議論を始めてみたい。議論は、次の順序で進める。

まず、考える学力ではなく、今のモノ的知識観に立つ限り、急速に発展している人工知能が、近い将来私たちの仕事を奪ってしまうという現実をみてみよう。

←　そして次に、その考える学力への動きは、すでに始まっている。そのことを、大学入試改革の動向にみてみよう。

←　その上でさらに、そこにつながる教育として、博物館を利用した郷土科の授業を提案してみたい。

ではまず、「人工知能とこれからの教育」というテーマで議論を始めよう。人工知能の発達は、これからの社会と教育を考える時に、避けては通れない社会変革の問題を含んでいる。というのも、人工知能を中心としたコンピューターの発達や様々な技術変革が、私たちの仕事を奪うからである。

そしてそれは、私たちの学力のあり方にも大きな影響をあたえてくる。というのも、人工知能などのそうしたものに影響されない、むしろそれを使いこなす学力が求められてくるからである。それが考える学力である。では、考える学力を、それこそどのように考えたらいいのか。この問題を解くには、これまでの知識観を問わなくてはならない。

モノ的知識観との決別

まず、知識について、ある種の神話がある。本は知識の宝庫である。人はそれを読むことで、自分の頭の中に知識をため込む。頭の中では、その知識が概念としてため込まれていて、それにはコトバというラベルが貼り付けられている。そのラベルを張り替えれば、コトバが違っても、どの国でもその知識は使える。

これを「博物館の神話」と表現した人がいる。頭という博物館の中には知識という展示物があり、それにはキャプションというコトバが貼られている。これを逆にいえば、あるコトバの意味は、それでラベリングされた知識という展示物である。知識は、そうした形で頭の中にため込まれている。知識を持っているかどうかの問題は、頭の中のことであって、そこで完結している。知識は、あたかもモノのごとく、頭の中にある。これが、この神話のポイントである。

学力の概念も、似たような神話に彩られている。学力とは、ラベリングされた知識を、たくさん頭に蓄えることだ、というのがその神話である。だがこれを認めると、手の中のネットにつながっているスマホが、もっとも学力の高いやつだと、認めなくてはならなくなる。スマホに質問をすると、たちどころに答えてくれるからである。

もちろんスマホ自体に知識がつめこまれているのではない。手の中のスマホがつながっている、ネット全体に知識が分け持たれている。とはいえ知識をこうしたように、コトバが貼られた頭の内部的なモノだととらえると、パソコンやスマホがつながっているネットが、私たちよりはるかに学力が高いといわなくてはならなくなる。それではどうも具合が悪い。

それは、「ただの機械だ、人間とは違う」と反論したくなるかもしれない。だがその反論は、もっと具合の悪いことに追い込まれる。だって、そういうあなただって、物理的な体をもった機械じゃないか、というわけである。こうなると、もっともっと具合の悪い神話を持ち出すしかなくなる。そう、人間には真理を見通す理性という心がある、という神話である。だがこうなるともう、心というやっかいな代物の証明をしなくてはならなくなる。それは、やめておいたほうがいい。

つい、哲学的な議論に入り込んでしまった。だが、知識とその集合の学力を頭の中のモノ的なこととする限り、心とか理性といった、古来からの議論をひき受ける他はなくなる。学力向上とか、知識中心といったスローガンを唱えているだけなら、こんなややこしい議論に首を突っ込まなくてもすむ。だが学力を、日本の明日を担う子どもたちの大切な問題だと、少し真剣に考え始めると、スローガンを唱えて独りよがっているわけにはいかなくなる。

というのも、多くの人は、よくこういうからである。「ただコトバだけで知識を覚えてもダメだよ」と。だが実際は、その知識の量で人を計っている。知識じゃないといいながらその量を競うのは、知識をお金や栄養のある食べ物と同じように、モノと考えているからである。

お金は、少ないよりは、多いほうがいい。食べ物も、食べ過ぎるのはよくないが、栄養のある物ならあったほうがいい。お金も食べ物も、ストックできていれば、必要なときに使える。脳みそは、いつでも引き出し可能なコンビニのＡＴＭか、冷凍室の大きな冷蔵庫のようなものだから。

だがこうしたモノ的知識観は、二つの大きな課題を抱え込む。それは、まず知識そのものへの関心を奪う。そして第二に、貯め込んだ知識を引き出せない。つまり使えない。この二つには、個々人のその知識への向き合い方が関わっている。その知識によってその人が、どう世界と関わろうとするのか、その問題が背後にある。つまり知識を自分との関わりの問題と捉えられないのでは、興味もわかなければ、使ってみようともしない道理である。

人工知能が仕事を奪う

確かに知識も、新しいことを覚えると、頭の中に新たな脳神経回路ができて、それが記憶という形でストックされるらしい。だがそれは、「知識」だろうか。それが知識なら、スマホやパソコンも知識をもっていることになる。脳神経回路そのものが知識なら、ネットからダウンロードして表示した時点で、スマホもパソコンも知識をもつことになる。確かに脳神経回路とパソコンの記憶回路は同じではない。だがそれが出力される時には、ほとんど変わらない言語記号なはずである。そこに本質的な違いはない。

しかも最近の人工知能型コンピューターは、人間の脳細胞と同じような働きをするという。とりわけここ数年の間に登場した、ディープ・ラーニングという機械学習をする人工知能は、それまで不得手だった画像認識などのパターン認識もできるようになってきている。となればやはりスマホの方が、あなたや私よりも知識が多いことになる。それでいいのか。ならば人間は、いらなくなるのか。

実際、二〇一三年にオックスフォード大から発表された研究結果によると、コンピューターの発達は、一〇〜二〇年後には、いまの四七％の仕事を消滅させるという。日本でも馴染みの仕事を選んで、その確率をみてみよう（**表9―1**）。この調査では、七〇二の仕事を調べて、順位と確率で報告している（Frey, C.; Osborne M. 2013 より筆者作成）。

表 9-1

なくなる職業	
確率 %	職　　種
99.00	電話勧誘
98.00	銀行窓口業務
98.00	配送車運転手
97.00	カフェ等店員
97.00	コールセンター員
97.00	レジ係
96.00	一般事務員
89.00	タクシー運転手

順位は、あまり意味がないので、確率だけでみてみよう。みてごらんのように、なくなる仕事は、自動走行車や自然言語理解が進むとなくなるものばかりである。これからの社会は、人工知能、ビッグデータ、3Dプリンター、自動運転車、そしてロボットといったものの進歩で、産業革命を超える大変革の時代だといわれる。となれば、私たちはどうするのか。

知識への新たな視点

それでは困るというなら、知識と学力の問題に、別の道をとらなくてはならない。本章で考えるのは、この問題である。パソコンが発達するまでは、なんだかんだいっても、知識量の多さが重要だった。だがスマホが登場した今日では、知識の内部保有の問題に別の視点をとらなくてはならない。ではそれはどういう視点か。

この第Ⅲ部のテーマは、「知識を教えていない日本の学校」である。これはもちろん、学力の問題は、それぞれの人の、生き方の問題ではないのか、と問いかけたいからである。

今まで日本では、「いまここに」の生き方なり幸せ感なりとは関係なく、知識の集合体としての学力があると信じてきた。もちろんこれまでの学力観も、競争社会を生き抜く勝利者になるためという意味では、生き方に関係していたということができる。だがそれは、学力そのもののとらえ方の問題ではない。学力を高めることでもたらされる、明日の社会的役割獲得の問題であった。つまり学力向上は、学力の中身の話ではなく、明日の地位獲得の問題だった。

しかしここで問いたいのは、学力はその中身が、「いまここに」の生き方に直結するのではないのか、ということである。学力とは、その知識のあり方を問い直すと、生き方なり幸せ感なりにつながることである。どのような知識をどのような方法で学ぶかは、その人の生活の仕方にかかわる。とはいっても、なにも将来のことではない。5章でのべたように、実践共同体に参加する学びでの知識は、個々の学習者の「いまここに」の生き方の問題である。

それはなにも、職業に接続する知識でなくても同じである。いわゆる基礎基本といわれる知識であっても、その学び方によっては、生き方にかかわる。これまでの学力も、全く「いまここに」にかかわらなかったわけではない。確かにそれは、「テストの点数を上げる」という生き方に関わっていた。だがこのことは、重要なことを私たちに告げる。

それは、学習される知識は、本来「いまここに」においての知識なのだという実際である。「テストの点数を上げる」のは、「将来のため」と思われているが、実際のところは、「いまここに」にかかわることの一つでしかない。つまり、目の前のテストの（　　）に覚えたことを埋める。そうした「いまここに」の行為を導いている。それが現実だろう。

知識はかかわってこそおもしろい

知識は、本来おもしろいものである。なぜなら私の関わりだからである。それも案外、役に立ちそうもない知識ほどおもしろい。学校での知識も、決してつまらないものではない。百葉箱を毎日開けて気温・湿度・気圧の記録を付ける子は、その記録を付けることが楽しい。将来は、気象予報士になる夢をもっているかもしれない。しかしいまここでは、その行為そのものが楽しい。

常識的な概念が壊される運動力学の原理は、思考実験そのものがおもしろい。ちょっと想像つかないほど遠くの天体のブラックホールの話は、自分の生活に関係なくても、なにかワクワクする。歴史の話は、先生の語りに迫力があると、どきどきする。数学も、きれいに解けると、やったと思える。

そうした知識を知って、実際のところはどうなっているのだろうと考えてみることは、人間にだけ許されている特権のように思われる。知識は、そこに参加することで、自分にとって意味あるものとなる。知識とは、なにかそこにあるのではない。なにかの知識協働体に参加することである。参加すること、それ自体が知識である。つまり私の知識とは、自分に興味のある世界の一員となることである。

そこに参加するのに、天文学者になってブラックホールを見つけなくてもよい。その話がえがく世界に参加すればよい。重要なのは、自分がそこに関わろうとすることである。関わろうとすれば、その知識は、自分の世界をつくっていく。自分の世界を持った人間は、他と比べることに心を悩ませることはなくなる。

教育の目的は、知識を通して先人と対話し、「いまここに」の自分を見つけることのできる人間を育てることである。明日のための人間ではない。しかし私たちは、本来「いまここに」の知識が、「将来のため」だと無理に思い込む。だからともかくも、溜め込んでおこうとする。しかし自分なりの関わりを試みない知識は、自分の知識とはならない。

もちろん将来に全く関わらないというわけではない。しかし前述したように、知識は、私がそこに関わってこそ意味あるものとなる。したがって、その時点時点で、自分なりに関わってこそなにかの文言が、私の知識となる。そこに、確かに自分が参加しているからである。

しかしこうした関係的な知識観に立たずに、知識がそれ自体として個々に存在できるというモノ的知識観にこだわり続けるかぎり、個別的無意味綴りの脅迫的集積観念から、私たちは自由になれない。そのことは、より上の大学へ、より中央の大学へという学力観からも逃れられないことを意味する。いうまでもなくそれは、地方崩壊へと至る。

自分がそこに参加せず関わらない、個々バラバラなモノ的知識観と決別しないかぎり、この束縛から自由になることはできない。少し前に日本を震撼させたＰＩＳＡテストは、活用という思考力を必要とするものであった。

日本の子どもたちを困惑させたこのテストは、その後の全国学テへとつながった。しかし7章でみたように、結局一つの正解を問うテスト問題は、とてもその本来の意味を反映させているとは思われない。それは相変わらずのモノ的知識観に縛られている。

人工知能に東大入試問題を解かせるというプロジェクトをやっていた、国立情報学研究所の新井紀子氏は、次のようにのべる。

> 人が機械より優れているのは、意味を理解して問題解決を図る能力があるからだ。意味を理解することを放棄し、単なる暗記や記号処理に走れば、機械に追い越されるのは時間の問題でしかない。（新井、二〇一五）

人工知能は、確率で答えを導き出す。しかし私たちの判断は、しばしば確率を無視する。人工知能の判断では、一〇倍もの敵に攻めかかる桶狭間の戦いの判断はできない。私たちは、自分にとっての意味を考えて、問題を解決しようとする。ただ単に言葉だけを覚えるのではない。それなら機械と同じだと新井はいう。

では私たちは、この新井の危惧をどのように乗り越えることができるのか。次の節では、現実の入試の変化をみてみよう。もしかすると、日本の学力観が大きく変わるかもしれない。機械人間をつくるのではない教育に、転換できるのかどうかが問われている。

2　変わる入試・変わる学力観

中教審答申の現状認識

平成二六年の暮れも押し詰まった一二月二二日、中央教育審議会から大学入試に関する答申が出された。それは、

新しい時代にふさわしい高大接続の実現に向けた高等学校教育、大学教育、
大学入学者選抜の一体的改革について
～すべての若者が夢や目標を芽吹かせ、未来に花開かせるために～

という長い表題の答申である。

この答申では、いままでの大学入試は、「知識の暗記・再生に偏りがち」であったと、次のような認識を示している。

しかしながら、我が国が成熟社会を迎え、知識量のみを問う「従来型の学力」や、主体的な思考力を伴わない協調性はますます通用性に乏しくなる中、現状の高等学校教育、大学教育、大学入学者選抜は、知識の暗記・再生に偏りがちで、思考力・判断力・表現力や、主体性を持って多様な人々と協働する態度など、真の「学力」が十分に育成・評価されていない。（四頁）

もちろんこうした認識は、いまさらということもできる。ただこうした認識は、日本の教育の現状が、なにか

内向きに、現状維持から前にでようとしていない状況にいらだっているようにもみえる。実際こうした認識は、前節でみたような社会の大変革を見据えてのことである。答申では、「我が国が成熟社会を迎え」とあるが、それは答申の冒頭での次の文言に現れている。

生産年齢人口の急減、労働生産性の低迷、グローバル化・多極化の荒波に挟まれた厳しい時代を迎えている我が国においても、世の中の流れは大人が予想するよりもはるかに早く、将来は職業の在り方も様変わりしている可能性が高い。

この厳しい時代を乗り越え、子供や孫の世代に至る国民と我が国が、希望に満ちた未来を歩めるようにするため、国は、新たな時代を見据えた教育改革を「待ったなし」で進めなければならない。（一頁）

ここには、極点社会の到来や、技術進歩によって今ある仕事の半数がなくなり、新たな仕事がでてくるという状況の中で、これからの学力を考えなくてはならないという「待ったなし」の強い危機感がみえる。

また、「『従来型の学力』や、主体的な思考力を伴わない協調性はますます通用性に乏しくなる」という認識は、単に細かな知識をもっているだけで、思考力も主体性もなくて、周囲に迎合するだけの協調性ではだめだというものである。大きく変化し、多様な人間と協働していかなくてはならないこれからの社会では、悪い意味での「和を大切に」などというのでは、とうていやってはいけないという意識である。

たとえば、内向きの迎合的な和を重視する村的会社は、安定していそうにみえて、実際にはどんどん外の変化に取り残される会社である。実際、そうして大きな会社がいままでも崩壊してきた。もちろんいまの日本社会にも良いところはたくさんある。だがその良さは、ただ守ろうとしていたのでは腐っていく。古き良きものを守るには、常に新しいことに挑戦しなくてはならない。「守古創新＝古きを守るは新しきをつくるなり」という格言が必要なのである。

大学入試改革

こうした認識が、はたしてどこまで当たっているかは別として、ともかくもこうした認識から中教審答申は、新しい大学入試改革を打ち出してきた。その柱は、いずれも仮称の次の三つである。分かりやすさのために、試験科目・受験時期・解答方式の三つに分けて表示する。ただし個別選抜は、ＡＯ入試なので解答方式はない。

◇高等学校基礎学力テスト（二〇一九・平成三一年導入）
　試験科目＝国語総合・数学Ⅰ・世界史・現代社会・物理基礎・コミュニケーション英語Ⅰ
　受験時期＝高校二・三年で年二回、夏から秋に実施
　回答方式＝多肢選択方式の他、記述式導入
◇大学入学希望者学力評価テスト（二〇二〇・平成三二年導入）
　試験科目＝「教科型」「合教科・科目型」「総合型」（但し「教科型」は将来的に廃止）
　受験時期＝年複数回
　回答方式＝多肢選択方式の他、記述式導入
◇個別選抜（大学ごと）

試験科目＝「大学入学希望者学力評価テスト」の成績、小論文、面接、集団討論、プレゼンテーション、調査書、活動報告書、大学入学希望理由書や学修計画書、資格・検定試験などの成績、各種大会等での活動や顕彰の記録、その他受検者のこれまでの努力を証明する資料

受験時期＝AO方式のため不定だが、おそらく高校三年の秋以降に、他の二つのテスト成績待ち

この中、「大学入学希望者学力評価テスト」は、これまでの一点刻みの弊害をさけるために、「段階別表示による成績提供を行う」（一五頁）としている。つまり、A・B・C・Dのような表記になる。また論文テストや記述式の解答については、CBT（Computer Based Testing）方式を導入するという。これは、人工知能を使ったコンピューターによる採点で、受験者はパソコンで解答する（その後、「高等学校基礎学力テスト」も段階別評価（十段階）となることが示された）。

中でも注目すべきは、各大学で実施する個別選抜の刷新である。従来の個別選抜には、多くの問題がある。それは、画一的で、大学のポリシーと関係なく入学者の確保の手段に陥らせているとして、これまでの一点刻みの選抜ではなくて、受験者一人一人の個性・特性を考慮した「人が人を選ぶ」入試に改革すべきである、と意気込みを表明する。

何よりも重要なことは、個別選抜を、画一的な一斉試験で正答に関する知識の再生を問う評価に偏ったものとしたり、入学者の数の確保のための手段に陥らせたりすることなく、「人が人を選ぶ」個別選抜を確立していくことである。〔中略〕大学の入り口段階で求められる力を多面的・総合的に評価するという、個別選抜

本来の役割が果たせるものにすることである。（一一頁）

そしてさらに注目すべきは、この個別選抜で、いわゆる知識の再生を問う、教科ごとの学力試験を課さないとする方向である。つまり、各大学における個別選抜では、学力テストを課さないで、すべてＡＯ入試による総合的評価にするというのである。しかも、これまでのＡＯ入試は、多くの場合、ただの人数確保に過ぎなかったと、はっきりとした批判をする。

この入試改革のモデルは、おそらく大半はアメリカ型の大学入学選抜方式である。つまり、合格基準を多岐的にして、社会をリードしていく人間を育てるという方向である。しかし、一点刻みの点数ではないというのだから、評価は大雑把なくくりになる。アメリカでは、大学ごとに様々であるが、傾向としては、概ね次のような感じである。

高校内申書五〇～六〇％、統一テスト二〇～三〇％、活動一〇～二〇％、面接一〇～二〇％

※ただし、面接を課さない場合も多い。また近年統一テストの比重が大きくなってきている傾向も否めない。

公正・公平な評価とはなにか

そうなると当然疑問がでてくる。面接や論文や集団討論といったものだけでは、公正・公平が保たれないのではないか。これまでのマークシート式のきちんと点数がでる評価の方が、誰がつけても間違いなく採点できる。だから、そちらの方が客観的で、公正・公平が保たれるのではないかという疑問である。

だがそうとは簡単にいえない。マークシート式の方が、超主観的になることも、不公平であることも多々ある。

どういうことかは、詳しくは拙著『学力問題のウソ』を参考にしてほしいが、簡単にいえば、「山がはずれる」こともあれば、奇問が出されることもあるし、問題による点数配分に疑問なこともある。山が外れた人は気の毒である。すべてを理解しているべきだろうが、同じ教科の中でもたいていは得意・不得意の分野がある。奇問が出されることも珍しくない。大学の先生が作る問題は、しばしば偏っていることも受験界では常識である。となればその場合は、その先生の主観で評価されてしまうことになる。しかもそもそも問題によって配点が違うこともある。

それに対して新しい個別選抜は、確かに一つ一つをみれば大雑把である。つまりせいぜい四段階か五段階でしかつけられない。しかし前述したように、その評価対象はたくさんある。小論文、面接、集団討論、プレゼンテーション、調査書、活動報告書、大学入学希望理由書や学修計画書、資格・検定試験などの成績、各種大会等での活動や顕彰の記録その他受験者のこれまでの努力を証明する資料、というように一〇種類もある。この全部でなくても、これらそれぞれごとに、S・A・B・C・Dをつけて、それに5・4・3・2・1を割り振ってその合計を求めれば、かなりの精度で選抜できるはずである。

この問題について答申では、これまでの「公平性」の意識変革をしなくてはならないとして、次のようにのべる。

その際、画一的な一斉試験による大学入学者選抜だけを取り上げて「公平性」を論ずるのではなく、一人ひとりの人間の生涯を通して見た時に、多様な背景を持った学習者一人ひとりの能力が最大限に磨かれるように教育の機会が均等に与えられるという意味での「公正性」を確立していくべきであり、その一部として大学入学者選抜における「公正性」を理解すべきと考えられる。（一一頁）

これは、この大学入試改革の、いわば中心的思想ともいうべきものである。公正・公平を点数という無個性なもので担保するのではなく、学習者の個性を醸成・発揮できる機会の均等という個性保証で担保すべきだという。その上で、さらに次のようにのべる。

個別選抜における評価に当たっては、画一的な一斉試験で正答に関する知識の再生を問い、その結果の点数のみに依拠した選抜を行う従来型の「公平性」「客観性」と、多数の受験生に対して短時間で合否判定を行うための効率性を重視するあまり、面接、集団討論、小論文、調査書、その他による多元的な評価を重視しない傾向がある。この点に関しては、客観性とは何かについての意識改革と併せて、個別選抜を行う側が、自らの都合のみにより選抜する方法ではなく、一人ひとりの入学希望者が行ってきた多様な努力を受け止めつつ、入学者に求められる能力を「公正」に評価し選抜する方法へと意識を転換し、アドミッション・ポリシーに示した基準・方法に基づく多元的な評価の妥当性・信頼性を高め、説明責任を果たしていく必要がある。（一三―一四頁）

つまり、これまでの個別選抜は、大学側の都合で「多数の受験生に対して短時間で合否判定を行うための効率性を重視するあまり」、点数のみに依拠した試験をやっていたが、それは公正ではない。公正とは、大学のポリシーにそって、受験者の力を多元的に評価することであるというのが、この答申での主張である。

これは、筆者らのような大手私立大学にいる者にとって、とても耳が痛い。確かにご説ごもっともである。多くの大学では、ただただ一八歳の若者をかき集めることに腐心しているといわれても仕方がない。弁解すれば、大手私立大学は、国家からのわずかな補助金しか与えられない上に、国民の子弟の多くを抱えさせられて、どうしても効率を重視せざるをえなかった。国立並みにいただけるなら、もっと丁寧な選抜ができるのだが。

知識から思考力へ

それはともかく、一種の理想を掲げているこの答申は、もう一方でこれまでのセンター試験の反省も語り、「知識・技能」を単独で評価するのではなく、「思考力」などを中心に評価すると、次のようにのべる。

◆大学入学希望者が、これからの大学教育を受けるために必要な能力について把握することを主たる目的とし、「確かな学力」のうち「知識・技能」を単独で評価するのではなく、「知識・技能を活用して、自ら課題を発見し、その解決に向けて探究し、成果等を表現するために必要な思考力・判断力・表現力等の能力」(「思考力・判断力・表現力」)を中心に評価する。(一五頁)

つまり個別的な知識の量ばかりを問題にするのではなく、その知識を使ってより総合的に問題解決するような、考える力を中心に評価するというわけである。そしてこれを実現させるために、試験科目も刷新するという。それが、「合教科・科目型」と「総合型」である。

こうした「合教科・科目型」「総合型」の作問については、思考力・判断力・表現力等を評価する各種の問題（PISA調査、全国学力・学習状況調査の主として「活用」に関する問題、文部科学省が実施している情報活用能力調査、各大学の個別選抜における総合問題・小論文、高等学校の総合的な学習の時間における課題、大学入試センターにおける「新しい試験の開発に関する研究」等）に関する知見を有する専門家を、民間も含めて結集し、早急に検討を進める。（一六頁）

これは、大きな転換である。しかも前述したように、これまでの中心であった「科目型」をいずれは廃止して、モノ的知識中心の評価を大きく変えるとする。そしてそのために、高等学校の科目の再編や卒論も視野に入れるという。

◆高度な思考力・判断力・表現力を育成・評価するための新たな教科・科目を検討すること
◆大学の卒業論文のような課題探究を行う「総合的な学習の時間」の一層の充実に向けた見直し（一九頁）

このようにこの答申は、単にこれまでのセンター試験の改革に止まらず、いわば明治以来の学力観をも、根本から切り替えようとしているとみられる。それだけに、はたしてどのくらい実現するものか、その見通しは定かではない。これまでの改革を振り返ってみると、これを実現するのはかなり厳しいかもしれない。これを実現できるかどうかは、私たちの意識の変革が迫られるからである。そしてなにより、現場の教師たちの意識と能力の、大胆な変革が必要となる。おそらくこれが、一番難しい。

そこで本書の締めくくりとして、次節で少しばかりの具体的な提案を試みてみよう。これからはおそらく、高等学校の改革に止まらず、中学校・小学校からの教科の再編も視野に入れ、かつ学校外での学びも視野に入れなくてならないに違いない。

3　これからの学力へ

博物館など多様な場での探究的な学び

本書の結論は、「考える学力」がこれから求められるというものである。そうした意味では、中教審答申と軌を一にする。しかしこうした改革を進めるには、これまでの学校学習の枠を超えた学びを考えなくてならない。そうした学びは、どのように実現できるのか。

そうした学びを可能にする場所は、実はすでにいくつもある。例えばそれは、地域の博物館、図書館、大学などである。さらには、福祉施設、運動施設や市井の研究家、あるいはなんらかの教室、工房、作業所、町工場でもいいかもしれない。そして今は、中学校などで職業体験としてやられているものも、それを超えて研究としておこなうことも考えられる。

例えば博物館では、より探究的な学びが可能である。茨城県立自然史博物館には、ジュニア学芸員という制度がある。これは、中高生たちがそこで自分のテーマをもって研究する制度である。筆者の知人は、そこで三年間も研究した。滋賀県立博物館では、市民と学校の生徒たちが協働で自然調査をおこない、それが展示に反映される。もちろん生徒たちは、そこで様々なことを学ぶ。そこでは、だれが教師でだれが生徒というのではない。千葉市中央博物館では、近くの高校生たちが卒論研究のために訪れる。その質問は、かなり専門的である。

筆者が関わる「図書館を使った調べ学習コンクール」では、その応募論文が年々増えて、いまでは七万件を超える数になっている。最初の年の一九九七年は、九二五件、一〇年後二〇〇七年に六、四〇〇件、その後は毎年一万件近くの伸びである。ある高校生の論文は、世界の問題を突っ込んで議論していた。ある小学生は、自分の意見をきちんと論証していた。こうした研究力は、いままでの教育では活かし切れていなかった。

こうしたように、すでにいくつもの試みがおこなわれている。私たち大人が、旧態依然とした学力向上を叫んで、無駄な学力テストに大きなお金をつぎ込んで一喜一憂している間に、子どもたちはしっかりと先にいっているようにみえる。

他方、学校も変わらなくてはならない。それには、教科の再編や新設が必要かもしれない。子どもたちの研究力を高め、自分で考える学力を育てるには、なによりも子どもたち自身の意識を大切にしなくてならない。そのためには、教科学習であっても、より探究的に学ぶこと必要だろう。教科も、例えば、言語・数・自然・社会・健康表現といった、いまの幼稚園のような区分も考えてもいいかもしれない。

あるいは、個々の郷土に根ざした学びができるように、以前ドイツでおこなわれていたような、郷土科のような教科をつくって、そこで総合的に学び探究するといったことも考えられてもよい。もっともドイツでは、一九六〇年代に、当時の科学的高度化内容への傾向の中で、郷土科はなくなった。それは、東井のように生活の中に埋没してしまう傾向があったからである。したがって、その轍を踏まない郷土科を考えなくてはならない。それには、地域の博物館を利用し、あるいはそこと共同して、子どもたちの探求を保証しなくてはならない。地域に根ざしつつ、かつ深く探求的な学びをめざすことが重要だろう。

学習観・学力観の転換

こうしたことを進めていく場合に重要なのは、そこでの学習をきっちりと構築しないことである。学校では、きっちりとしたカリキュラムが組まれ、到達点が明確にされている。しかしこうした場所での探究的な学習は、きっちりと構築されるものではなく、もっと泥臭く、予定通りなど進まないものである。

こうした場では、学習として切り出せる目にみえる区切りがあるわけではない。つまりここまでが学習で、ここからは自由時間といったものではない。ここでは学習観自体が捉えなおされなくてはならない。学習とは、なんらかの場に参加すること、そこでなんらかの役割を演ずることそのものと捉えなくてはならない。5章で論じたように、ある種の実践共同体に参加すること、それ自体を学習ととらえる転換が必要である。科学者共同体に参加し、その営みにあこがれること、そうしたことが必要ではないか。

学習が個人内部の心理的なできごとと捉えられるようになったのは、さほど昔からではない。おそらくそれは、一九世紀の実験心理学の発達が影響している。もともと学びは、他者や自然や神との関係をとり結ぶことであった。取り結んで学ぶのではない。取り結ぶこと自体が学ぶであった。つまり学ぶ・学習するというのは、個人内の心理的な問題ではなく、他者や自然や神と一体となる、そうした関係性のことであった。

学習をこうしたように、関係的にとらえることは重要である。というのも従来の学習観では、どうしても実体としての学習、つまりその成果が問われがちになるからである。しかしこれを関係的にとらえるならば、なにより学習者自体が、自分が関わるそこに、どのような自己を見出すかが問われることになる。

学習を個人内部の進歩発達ととらえるのは、実は没個人確立的である。一見するとこちらの方が個人確立的にみえる。だがそれは、到達点を社会が上から定めた直線的な進歩発達観である。脱社会的で個人内部の心理的にみえる学習観は、その実は社会に取り込まれている。

それに対して、社会関係的な学習観の方が、その実は個人確立的である。なぜなら、そこに学習者自身の自己があるからである。このいわば逆説的な論理が重要である。学習を個人内部の問題とする従来の学習観の方が没個人確立的で、社会との関わりをもつ学習観の方がより個人確立的である。このアイロニー、これに私たちは気づき、実際の私たちの感覚とのズレを感じてきている。それをなにより感覚的に気づいているのが、他ならぬ子どもたちである。大人たちは、それがわからずまごついている。学力が下がったと。

近代が始まって約二百数十年、私たちは進歩することがよりよいことだと思って走ってきた。しかしいまどうだろう。地球温暖化を迎え、エネルギーを大量消費して進歩することに、誰もが不安と疑問をもつようになってきているのではないか。こうした問題と学力問題とは無縁ではない。いやむしろ、相即不離の関係である。

明治以来の私たちは、この一五〇年間、中央に向かう没個人確立的な学習・学力観に支配されてきた。その結果が、極点社会と地方崩壊をもたらしてきたのではないか。私たちが、学習を関係論的にとらえ、そこに自己をみいだすならば、中央ばかりをみる没個性にはならないのではないか。そこに様々な他の要因の問い直しとが重なるならば、もう少し違った社会のあり方、生活のあり方を見出すことができるようになるのではないか。そうした思想の転換がいま必要なのではないか。

地方創生には、学力観の転換、生き方の転換、幸せ観の転換が伴わなくてはならない。学力問題とは、単に知識量の問題ではない。それは都市問題・地域問題であり、生き方の問題なのである。中央と地方ではなく、すべての地域が、地方にならなくてはならない。新幹線と高速道路で中央と結びつかなくてはならないといういまの思想は、地方をさびれさせるだけである。

国栄えて山河なし、そしてそこに人はいない。陽の光が輝き、空気が輝き、若葉が輝く、そうした命の輝きを取り戻すのが、学力の問題である。学力の問題は、そうした「いまここに」の生き方の問題ではないだろうか。

参考文献

新井紀子（二〇一五・一一・一四）『「東ロボくん」研究の教授コメント「人間、頑張れ！」』朝日新聞デジタル
http://www.asahi.com/articles/ASHCG7J2WHCDUSPT00W.html

Frey, C.; Osborne M. (2013.09). *The Future of Employment: How susceptible are jobs to computerisation?*, The Oxford Martin Programme on Technology and Employment. http://www.oxfordmartin.ox.ac.uk/publications/view/1314

小笠原喜康（二〇〇八）『学力問題のウソ』ＰＨＰ研究所

あとがき

奇しくも、本書の原稿を書き上げた日は、二〇一七年三月一一日であった。六年前の二〇一一年の同日は東日本大震災が発生した日であった。死者・行方不明者だけでなく、避難生活での体調悪化などで亡くなった方も多く、そうした震災の犠牲者数は二万一八六五人にも達している。心からご冥福を祈りたい。そして、今でも一七万五千人ほどの人々が避難生活を余儀なくされている。あれから六年もの歳月が流れたが、あの日の「悪夢」は忘れようにも忘れられない人々も多いと思う。

私たちの生きる上での「希望」とは何だろうか。突然の悪夢が私たちを襲ったとき、私たちは、必死で、その意味を考え、絶望の淵から何とか立ち直るきっかけをつかもうとするだろう。あるいは、悪夢を心の奥底に押し込め、時の流れに身を任せる人もあろう。だが、確かなことは、人は人によって助けられ、人によって励まされ、人によって生きる希望を見出すことができると言うことだ。

東日本大震災の教訓は、大津波の脅威や原発の危険性もさることながら、人が人を支えつつ生きていることであった。それは、家族であり、友人であり、仲間であり、地域で生きる人々であった。私たちが生きていく上で大切なことは、人と人の絆を保ちながら、人に「手を差し伸べる」ことであり、「差し伸べられた手」を確かにつかむことである。

私達にとって、生きる基盤である家族・仲間・地域は守るべき大切なものであった。しかしながら、「はじめに」でも述べたように、人々が生きる基盤であった地域が消滅する危機に瀕している。「極点社会」への対応は、今後の日本政府や地方自治体の大きな課題となることは疑いない。政府も一九六〇年以降の歴代内閣で、地方創生の問題に取り組んできた。だが、その付け焼き刃的な改革は、さらなる人口の都市集中をもたらすだけだった。地方創生は決していまに始まったことではない。ずっと以前、それこそ所得倍増のあの池田勇人総理大臣の時代から、歴代内閣の重要課題でありつづけた。歴代内閣の地方創生の内容は、次の通りである。

池田勇人内閣　昭和三七年（一九六二）「新産業都市建設促進法」
田中内角栄閣　昭和四七年（一九七二）「列島改造論」
竹下登内閣　　昭和六三年（一九八八）「ふるさと創生一億円事業」
小渕恵三内閣　平成一一年（一九九九）「地域振興券事業」
安倍晋三内閣　平成二七年（二〇一五）「まち・ひと・しごと創生総合戦略」

このように、ほぼ一〇年ごとに、ふるさと創生事業が展開されてきた。しかしどれも失敗に終わっている。もっとも、最後の安倍内閣の事業は、まだ結果がでてはいない。だが、成功する兆しは見えない。また、二〇〇七年の第一次安倍内閣の時には、内閣の発案ではないものの、「ふるさと納税」制度が創設されている。

明治の頃、一番人口の多い県は、新潟県であった。水田は、人手を必要としたからである。しかしその後、産業資本主義社会になると、人々は大都市に吸い上げられていった。そこにさらに、戦後延々と続けられた、機械化のための農地改良が追い打ちをかけた。機械化は、人手をあまり必要としないからである。そうしてさらに地方の人口減少が進んできた。

学力問題は、生き方の問題である。私たちは、今、この生き方を考え直す時にきているのではないか。それが、本書が問いたかったことである。おいそれとは解決などしないだろう。だが、今一度、これからの日本の生き方、生活の仕方を問う必要があるのではないか。

どんなに人工知能・ＡＩが発達しても、それは答えをだしてはくれない。はじき出されるデータに意味をあたえるのは、私たちにしかできない。国の経済的発展は、個々の国民を幸せにするどころか、多くを不幸にするのが今の産業資本主義社会である。お金をもっていても、世界からは尊敬されない。

それより、普通の習俗や伝統、工芸や文芸、音楽や美術、思想や哲学、といったすぐにはお金を生み出さない文化・文明が世界から尊敬される。そうした日本人の私たちの生き方を大切にすべきではないか。他者と比べない、自分を大切にすることが、他者も他文化も尊重することにつながる。他者と比べない、自分の生き方を探し尊重すること、これが最終的に求められる学力ではないだろうか。本書が、その一助となればと願う。読者子の批判を仰ぎたい。

なお、「まえがき」と「あとがき」は小笠原と北野が、そして第Ⅰ部は北野が、第Ⅱ部は下司が、第Ⅲ部は小笠原が担当した。なお本書は、日本大学文理学部の出版助成金を受けて刊行するものであることを付記しておく。

人名索引

【な行】

【は行】

【ま行】

【や行】

【ら行】

事項索引

【アルファベット】

【あ行】

【か行】

【さ行】

【た行】

執筆者紹介

北野秋男（きたの　あきお）

日本大学文理学部教授・日本大学大学院総合社会情報研究科教授

博士（教育学）、教育学専攻、1955年富山県生まれ

〈主要著作〉

編著 2006『日本のティーチング・アシスタント制度―大学教育の改善と人的資源の活用―』東信堂.

編著者 2009『現代アメリカの教育アセスメント行政の展開―マサチューセッツ州（MCASテスト）を中心に―』東信堂.

単著 2011『日米のテスト戦略―ハイステイクス・テスト導入の経緯と実態―』風間書房.

編著 2012『アメリカ教育改革の最前線―頂点への競争―』学術出版.

編著 2015『こうすればうまくいく！地域運学校成功への道しるべ』ぎょうせい.

単著 2015『ポストドクター―若手研究者養成の現状と課題―』東信堂.

下司　晶（げし　あきら）

日本大学文理学部・大学院文学研究科教授

博士（教育学）、教育哲学・教育思想史専攻、1971年栃木県生まれ

〈主要著作〉

単著 2006『〈精神分析的子ども〉の誕生 ――フロイト主義と教育言説』東京大学出版会.

共編著 2014『教員養成を哲学する――教育哲学に何ができるか』東信堂.

編著 2015『「甘え」と「自律」の教育学――ケア・道徳・関係性』世織書房.

共編著 2016『教員養成を問いなおす――制度・実践・思想』東洋館出版社.

単著 2016『教育思想のポストモダン――戦後教育学を超えて』勁草書房.

小笠原 喜康（おがさわら ひろやす）

日本大学文理学部・大学院文学研究科教授

博士（教育学）、教育認識論、博物館教育論専攻、1950年青森県生れ

〈主要著作〉

編著 2017『哲学する道徳―現実社会を捉え直す授業づくりの新提案』東海大学出版部.

単著 2015『ハンズ・オン考：博物館教育認識論』東京堂出版.

編著 2013『博物館情報・メディア論』ぎょうせい.

編著 2012『博物館教育論―新しい博物館教育を描きだす』ぎょうせい.

単著 2009『新版 大学生のためのレポート・論文術』講談社現代新書.

単著 2008『学力問題のウソ―なぜ日本の学力は低いのか』PHP研究所.

現代学力テスト批判―実態調査・思想・認識論からのアプローチ

2018年1月10日　初　版第1刷発行　〔検印省略〕

＊定価はカバーに表示してあります。

著者©北野秋男・下司晶・小笠原喜康　発行者 下田勝司　印刷・製本／中央精版印刷株式会社

東京都文京区向丘1-20-6　郵便振替 00110-6-37828

〒113-0023　TEL 03-3818-5521（代）　FAX 03-3818-5514

発 行 所　株式会社 **東 信 堂**

Published by TOSHINDO PUBLISHING CO., LTD.

1-20-6, Mukougaoka, Bunkyo-ku, Tokyo, 113-0023 Japan

E-Mail：tk203444@fsinet.or.jp　http://www.toshindo-pub.com

ISBN978-4-7989-1466-4　C3037